니은

이응

디귿

기역

리을

미음

시옷

리을

키읔

히읗

비읍

비읍

히읗

치읓

피읖

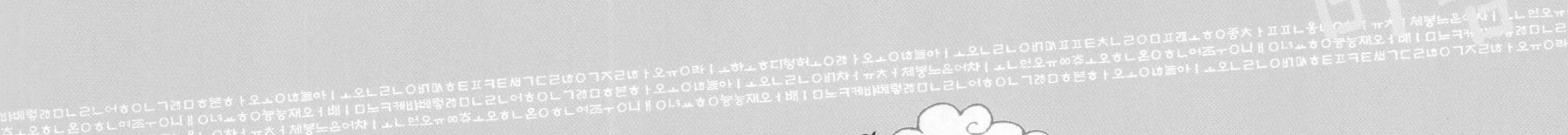

우리말 지킴이 또바기의
한글신문

우리말 터 잡기 **2**

이소영 글 | **김슬옹**(또물또 교육 대표) 기획 자문 | **최기호**(한글학회 이사) 감수

이끌리오

철학과 과학이 담긴, 우수한 글자를 지닌 자랑스런 우리 나라

우리는 공기나 물을 대하듯 날마다 '한글'을 만나고 사용합니다.
그리고 우리는 커 가면서 한글로 쓴 책을 읽고 한글로 글을 씁니다.
초등학교에 들어가기 전부터 시작하여 중학교, 고등학교를 다니면서 10여 년 넘게 한글을 배웁니다.
이렇게 오랫동안 배우고 날마다 쓰다 보니, 누구나 으레 한글을 다 아는 것처럼 생각합니다.
그런데 제가 독서 교육을 해 오면서 단순히 글자만을 읽지 않고 책의 내용을 잘 이해하는,
'책을 잘 읽는 사람'이 그리 많지 않음을 알게 되었습니다.
'책을 잘 읽는 사람'이 되려면 한글에 대해 바로 알아야 합니다.

21세기는 세계화의 시대입니다.
나라와 나라 사이가 가까워져서 서로 통할 수 있는 말과 글이 중요해졌습니다.
그러다 보니 영어를 배운다, 중국어를 배운다 하여 많은 시간과 돈을 들입니다.
세계화 시대, 여러 나라가 뒤섞여 있을 때 가장 큰 경쟁력은 다른 나라가
가지고 있는 것이 아니라 자신이 가지고 있는 것입니다.
그러므로 다른 나라의 말과 글을 배우기보다 자기 나라가 가지고 있는 말글의 가치를
깨닫고 정확히 아는 것이 훨씬 더 중요하지요.
우리가 쓰는 한글이 철학적이고 과학적인 우수한 글자라는 것은
세계화 시대에 우리의 힘이며 희망이 되어 줍니다.

한글을 바로 아는 것은 한글과 훈민정음이란 이름에 대한 느낌만큼 차이가 큽니다.
한글에 대해 너무 모르는 사람과 너무 많이 아는 사람이 있지요. 잘 모르는 사람은
"한글? 뭐, 글만 읽을 줄 알면 되지." 하고 말합니다. 많이 아는 사람은 말과 생각을
어렵게 표현하여 한글에 가까이 가기 힘들게 하지요.
《우리말 지킴이 또바기의 한글 신문》은 한글에 대해 하나하나 확인하고
알아 가면서, 세계 최고의 글자를 지닌 우리 나라를 자랑하려 합니다.

'팔랑새'라는 토박이말이 있습니다. "희망의 소식을 지고 오는 사람"이란 뜻이지요.
이 책이 한글을 사용하는 모든 사람에게 '팔랑새'가 되어 다가가길 바랍니다.

2004년 10월 이소영

감수의 말

세종대왕의 정신을 살리는 길

세종대왕은 온 세계 역사상 보기 드문 위대한 성군으로,
정치와 경제·사회·과학·문화 등 많은 분야에서 뛰어난 업적을 남겼습니다.
특히 세종대왕은 널리 백성을 사랑하고, 백성을 위한 정치를 베풀어 백성을
편안하게 하기를 가장 중요하게 여겼습니다.
이러한 여러 업적 가운데 가장 큰 업적은
한글을 창제하여 우리 민족에게 글자를 선물한 것입니다.
세종대왕은 이 세상에서 가장 쉽고, 가장 훌륭한 글자를 만들었습니다.
그래서 해마다 전 세계에서 문맹 퇴치의 공이 큰 이에게 상을 주고 있는
유네스코(UNESCO)에서는 그 상의 이름을 '세종대왕 상'이라 하였고,
훈민정음 원본을 세계 기록 유산으로 지정하기도 하였습니다.

한글은 21세기 현대 정보화 시대에도 적합한 글자로 주목 받고 있습니다.
한글로는 거의 모든 소리를 표기할 수 있어서 음성 언어를
문자 언어로 바꾸기가 가장 쉽고, 자음과 모음으로 이루어져 있어서
컴퓨터 자판을 다른 언어와 비교할 수 없을 정도로 빠르게 칠 수 있습니다.

이렇게 우수한 글자인 한글에 대한 책이 나왔다는 것은 참 기쁜 일입니다.
세종대왕의 정신을 되살리고 우리의 영원한 보물인 한글을 잘 갈고 닦아,
나라에 큰 보탬이 되고 인류 문화 발전에도 크게 이바지하는,
소중한 계기가 되었으면 합니다. 아울러 한글 창제 기념일을 국경일로 정해서
민족 정신을 하나로 모으는 일도 중요합니다.

2004년 10월 최기호_한글학회 이사

추천의 말

한글을 이해하는 데 큰 도움이 되는 책

세종대왕의 백성을 사랑하는 마음과 자주 정신에서 나온 한글은
세계 언어 학자들도 경탄하는 독창적이고 과학적인 글자로서 세계의 기록 유산입니다.
또한 한글은 우리의 정체성을 잘 말해 주고, 우리 나라의 위상을 높여 주며,
우리 겨레의 창의력을 돋보이게 하는 우리말글입니다.
참으로 우리가 가장 소중히 여기고 고마워하며, 세계에 자랑해야 할 값진 유산입니다.

이에 한글을 사랑하고 연구하는 선생님들이 뜻을 모아 어린이들에게
세종대왕의 한글 창제 정신과 과학적이고 철학적인 제자 원리 등을 알려 주고자
《우리말 지킴이 또바기의 한글신문》을 만들게 되었습니다.

온갖 정성과 정보가 가득한 이 책은 가지런한 틀에 사진과 그림을 곁들여 가며
쉽게 풀어 써, 어린이부터 어른까지 부담 없이 함께 볼 수 있습니다.
이 책이 그 어느 책보다 한글을 이해하는 데 큰 도움이 되리라 믿고,
기쁨을 참지 못하여 추천하니, 우리 국민이면 누구나 한 번씩 읽기 바랍니다.

2004년 10월 박종국_세종대왕기념사업회 회장 / 문학 박사

우리말 지킴이 또바기의
한글 신문 알차게 보기

《우리말 지킴이 또바기의 한글 신문 2》는 우리의 소중한 문화 유산인 '한글'에 대한 내용을 아이들의 눈높이에 맞추어 쉽고 재미있게 꾸몄습니다. 〈ㄹ 신문〉〈ㅁ 신문〉〈ㅂ 신문〉을 담고 있고, 각 신문은 크게 네 부분으로 이루어집니다.

신문

첫 부분은 한글에 대해 꼭 알아야 할 내용을 신문처럼 꾸몄습니다. 신문마다 그 주제에 맞는 주요 사건이나 인물, 그 때의 역사와 그 의미 등이 들어 있습니다. 신문 꼴을 갖추느라 실제로 일어나지 않은 일들을 가상으로 만들어 본 내용도 있습니다.
⇒ 곧은 소리, 그림 마당, 바로 이 사람, 여기서 잠깐, 이모저모, 바로 이 곳 열린 생각 열린 말, 기자의 눈, 생활 알림터, 네 칸 만화 등의 재미있는 기사가 가득합니다.

한글에 대한 모든 것

'한글에 대한 모든 것'은 "왜?" 하는 물음과 함께 직접 따라 하고 같이 생각하면서 한글을 더 깊게 알 수 있게 엮었습니다. 또바기와 다아라 박사, 다른 친구들과 함께 여러 가지 놀이를 즐기다 보면 어느새 한글과 친구가 됩니다.
⇒ 궁금해요, 따라해 보기, 아하 그렇구나, 호기심 주머니, 색다른 만남 같은 다양하고 알찬 내용이 풍성합니다.

줄줄이 동화

〈한글을 지켜라〉 어느 날 갑자기 한글이 사라진다면? 독특한 상상에서 시작하여 미래를 배경으로 펼쳐지는 줄줄이 동화가 두 쪽을 가득 채우는 멋진 그림과 함께 실려 있습니다.
⇒ 한들, 날쌤, 팔랑새, 바차름, 강새암, 마이루, 허투로… 엉뚱하고 생기 발랄한 주인공들의 이야기가 다음 신문을 더욱 궁금하게 합니다.

가장 뒷 부분은 앞에서 배운 한글에 대한 모든 것을 바탕으로 재미있는 놀이를 하며 공부할 수 있는 내용입니다.
⇒ 꼬불꼬불 길 찾기, 알쏭달쏭 알고 싶어요, 한글이랑 놀며 배우며, 우리말 지킴이가 되고 싶어, 갈무리로 하나의 신문을 정리합니다.

놀며 배우며

차 례

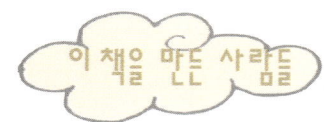이 책을 만든 사람들

글   이소영 (국민독서문화진흥회 책마루 회장)

기획 자문   김슬옹 (또물또 교육 대표 / 외솔회 이사 / 문화관광부 국어심의위원 / 목원대 겸임 교수)

감수   최기호 (한글학회 이사 / 상명대 교수 / 국제 동북아시아 학회장)

추천   박종국 (세종대왕기념사업회 회장 / 문학 박사)

교열 감수   성기지 (한글학회 책임연구원)

그림   구지현 (KBS 〈엄마와 함께 동화나라〉 일러스트 〈세상을 뒤집는 미래과학 이야기〉 〈생각이 열리는 성경 그림판〉 등)

           윤선미 (전 바른손닷컴 일러스트레이터, 현 디자인설 아트디렉터)

           장선환 (한양여대, 경희대 강사 〈화랑의 전설〉 〈길 비켜라 고구려가 나가신다〉 등)

           해나 (한국출판미술협회 회원, 제3시각 회원 〈무와 바꾼 소〉 〈김알지〉 등)

           송동근 (〈생각이 열리는 고사성어 그림판〉 일러스트 등)

드디어 한글로 쓰인 첫 작품 나오다!

125장으로 이루어진 시가집 《용비어천가》
한글 완성 전부터 준비한 것으로 알려져

1447년 정음청에서는 한글로 쓰인 첫 작품 《용비어천가》를 펴냈다고 밝혔다. 드디어 글답게 쓰인 한글을 볼 수 있게 된 것이다.

《용비어천가》는 125장이나 되는 긴 시가집이다. 한글 노래가 실려 있고 뜻이 같은 한시도 덧붙여 놓았다. 한 장은 대개 두 줄로 이루어졌고, 장마다 한문 풀이가 달려 있다.

이 노래는 조선을 세운 뜻을 기리는 글을 짓고자 한 세종대왕의 뜻에 따른 것인데, 한글이 완성되기 전인 1442년부터 차근차근 준비하였다고 알려졌다.

3년 후인 1445년 권제, 안지, 정인지 등이 원고를 만들어 올렸고, 세종대왕은 다시 최항, 박팽년, 강희안 등 훈민정음 전문가 여덟 명에게 완벽한 완성을 명하였다.

그리고 난 뒤 1447년, 정음청은 한글 시와 자세한 풀이를 만들어 책 10권에 담은 것이다.

조선을 세운 뜻이 담겨 있어

《용비어천가》의 첫머리에 나오는 '해동 육용(六龍)이'에서 육용은 여섯 용을 말하는데, 이 여섯 용은 세종대왕보다 먼저 임금을 지낸 태종, 태조 그리고 그 위 4대 임금을 가리킨다.

《용비어천가》에는 하늘의 뜻에 따라 온갖 어려움을 겪으며 새 나라를 세운 임금들의 발자취를 살펴 보고, 그 공덕을 기리는 내용과 미래의 임금들에게 나라를 잘 다스리라고 당부하는 내용이 담겨 있다.

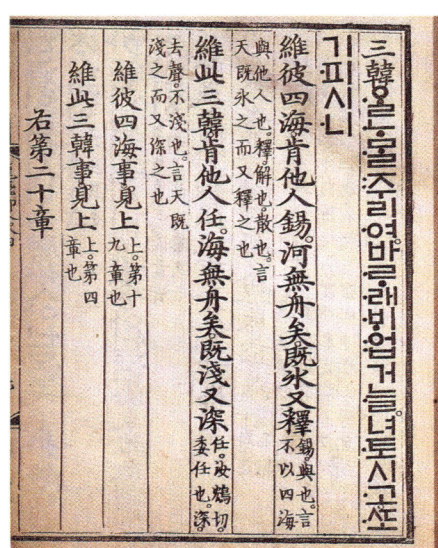
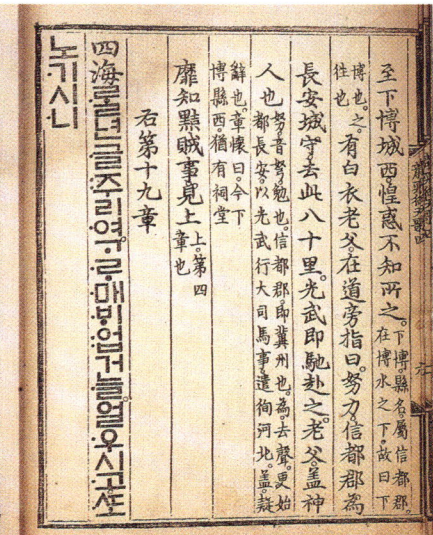

《용비어천가》 1447년 5월에 나온 이 시가집은 조선을 세운 뜻을 찬양한 것이다. 한글로 기록된 가장 오래된 책으로 15세기 문학 연구에 중요한 자료이다.

용비어천가, 우리말의 아름다움을 고스란히 담은 시가집

《용비어천가》에서 '뿌리 깊은 나무는'으로 시작하는 둘째 장은 우리말로 된 아름다운 시가이다. 이 시가에는 한시에서는 느낄 수 없던 우리말의 아름다움이 고스란히 담겨 있다.

훈민정음의 가능성을 보여 주는 시로 정음청에서는 많은 사람이 즐겨 외우는 노래가 되리라 내다보고 있다.

그 땐 왜 한글을 잘 쓰지 않았을까? 14쪽
한자 음을 바로잡은 동국정운 20쪽
줄줄이 동화 – 한글을 지켜라 26, 27쪽

잔치, 잔치 열렸네!

"춤과 노래, 연주가 있는 봉래의 보러 오세요!"

박 · 장구 · 좌고 · 대금 · 향피리 · 해금 · 아쟁 · 가야금 · 거문고 · 당적 등 우리의 모든 악기와 함께 하는 대규모 관현악으로 편성된 '봉래의'가 여러분께 우아하고 때로는 활기차며 편안한 느낌을 드릴 것입니다.
정성껏 준비한, 새로운 악곡 '봉래의'를 한껏 즐겨 보시기 바랍니다.

봉래의?

봉래의는 종합적인 궁중 예술로, 궁중 음악에 쓰인 중국의 아악곡 대신 우리 노랫말에 맞도록 세종대왕이 직접 작곡한 궁중 음악입니다.

- 때 1449년 음력 12월 1일
- 이끔 조선 왕조
- 곳 승정원
- 나오는 이 궁중 무용단, 궁중 관현악단

우리 글자 한글을 사용해 중국과 나란히 서자!

사람의 역사는 크게 선사 시대와 역사 시대로 나뉜다. 길고 어두운 동굴 속 같은 선사 시대를 환한 역사 시대로 바꾸는 것은 바로 기록이요, 글자의 힘이다. 중국이 예부터 동양 문명의 중심이 된 데는 한자의 힘이 컸다. 역사와 문화가 한자라는 도구로 쌓이면서 자연스럽게 문화 강대국으로 자리한 것이다.

우리 역사를 글자라는 창을 통해 내다보면 어두운 선사 시대와 환한 역사 시대 사이에 남의 글을 빌려 쓰던 희끄무레한 시대가 있다.

이제 세종대왕이 만든 한글이 있으니 말은 있되 글이 없어 한자의 음을 빌리거나 뜻을 빌려 우리말처럼 쓰려고 애쓰던 어정쩡한 시절을 끝낼 수 있게 되었다. 그런 의미에서 세종대왕의 한글 발명은 우리 역사상 가장 크고 위대한 사건이라 할 만하다.

문자는 역사와 문화 발전의 가장 기본적인 바탕이 된다. 이제 우리는 우리 글자로 우리 나름의 문화를 꽃 피워 나갈 수 있을 것이다. 앞선 중국의 문물을 참고는 해야 하지만 우리다움, 우리 것의 중요함을 잊지 말아야 할 때이다.

남의 것을 흉내 낸 것이 아니라 우리의 힘으로 이룬 당당한 문화가 쌓일 때, 아무도 넘볼 수 없는 힘이 생길 것이고, 앞날에 새롭게 닥칠 문제들을 해결할 열쇠를 갖게 될 것이다.

훈민정음이 끼친 영향
나라의 생각과 제도를 한글로 널리 알려

조선은 전국을 8도로 나누고 각 도 안의 말단 관리까지 왕이 임명하는 제도를 갖추어서, 국가가 지방의 맨 끄트머리까지 통치할 수 있었다.

이를 가리켜 중앙 집권 체제라고 하는데, 이 체제가 더욱 튼튼해져 백성에 대한 국가의 지배력이 커지고 고려 때와는 달리 백성이 지방 세력가의 개인적인 지배에서 벗어나게 되었다.

이런 외형적인 틀을 더 강하게 만든 것이 바로 글자를 널리 사용하게 한 일이다. 개인과 나라의 발전에 도움이 되는 책들을 백성들이 직접 읽을 수 있게 된 것이다.

한글로 번역한 책으로 나라의 힘을 길러

훈민정음을 만든 뒤, 여러 분야에서 한글로 번역한 책이 나와 훨씬 많은 사람이 책을 통해 공부할 수 있게 되었다.

한편, 세조 5년에는 훈민정음을 과거 과목에 넣었다. 문과 시험에 훈민정음과 동국정운을 시험 과목으로 넣은 것이다.

세종 31년(1449년)부터는 유교 경전, 불교 경전, 문학서 등을 골고루 번역하였으며, 특히 세조 6년(1461년)에는 대궐 내에 간경도감을 설치하여 불경 번역 사업을 활발히 하였다.

이 때 번역한 불경이 《능엄경 언해》를 비롯하여 《법화경 언해》, 《원각경 언해》, 《아미타경 언해》, 《금강경 언해》 등이다.

또한 급한 병에 대한 응급 치료법을 다룬 《구급방 언해》도 세조 12년에 출판하였다.

이처럼 나라의 발전에 도움이 되는 책들을 백성들이 직접 읽게 하여 나라의 힘을 더욱 키웠다.

나 아무래도 천재인 모양이야. 한 달만에 언문을 익혔어.

보름 만에 끝낸 난 뭐냐? 네가 천재면 난 만재다.

첫! 부럽다, 부러워. 기초 단어만 천개라니…, 한자는 너무 어려워.

그림마당

"《용비어천가》를 노래와 춤으로 만들어 공연하고 인쇄하여 보급하라."
- 세종대왕이 《용비어천가》를 노래와 춤으로 만들어 궁중 연회에 사용하고, 책으로 만들어 널리 보급할 것을 명령하며

수군수군

"문과 첫 시험에 훈민정음과 동국정운을 시험 과목으로 넣도록 하여라."
- 세조가 과거 시험에 《훈민정음》과 《동국정운》을 넣으라고 하며

"급한 병에 대한 응급치료법을 다룬 책이 나와 안심이 됩니다."
- 어느 백성이 《구급방 언해》를 읽으며

누가 훈민정음으로 번역하였나?

훈민정음으로 번역한 책들은 크게 음운학과 관련된 운서, 유교 경전인 경서, 불교 경전인 불서, 문학 작품 등으로 나눌 수 있다.

운서는 주로 정음청에서 번역했는데 번역자는 대부분 집현전 학사 출신이고 문종이나 진양대군, 안평대군 등도 참여하였다.

불교 경전의 번역에는 불교에 관심이 많았던 왕족인 세조와 효령대군, 스님인 신미·명찬·학조대사, 그리고 유학자인 한계희·노사신 등이 참여하였다.

경서나 문학서의 번역자 이름에는 유학자들과 인수대비, 역관 최세진 등이 들어 있다.

여기서 잠깐 … 번역 사업

번역 사업은 세종 31년(1449년)《홍무정운역훈》의 운서와 유교 경전인《사서》의 번역으로 시작하여, 이후 운서, 유교 경전, 불교 경전, 문학서 등의 번역이 이루어졌다. 세조 6년(1461년) 대궐 내에 간경도감을 설치하여 불교 경전을 활발히 번역하였고, 번역 사업 중 가장 눈에 띄는 분야가 되었다. 이 때 번역된 불교 경전에는《능엄경 언해》,《법화경 언해》,《원각경 언해》,《아미타경 언해》,《금강경 언해》등이 있다.

하나둘셋! 찰칵!

한자 발음, 이제는 하나로 통일

한자가 우리 나라에 처음 들어 왔을 때는 중국식 소리를 가지고 있었지만 우리 나라에서 쓰이면서 발음이 많이 달라졌다. 한자를 읽는 원칙이 없이 제각각 썼기 때문에 글자의 모양이나 소리의 기본 성질도 무시하고 어지럽게 쓰면서 한자 발음은 하나로 바로잡히지 않은 채 세월이 흘렀다. 세종대왕은 우리 나라에서 혼란스럽게 쓰는 한자의 발음을 바로 잡으라고 명령했는데, 그 열매가 바로 1448년에 펴낸 6권의《동국정운》이다.

바로 이 사람 — 정음청에서 신숙주와 함께

"한글로 책 만드는 일을 도맡아 합니다"

집현전 학사인 줄 알았는데 정음청에서도 일하는군요.

신숙주 예, 정음청에는 젊은 집현전 학사가 많습니다. 세종대왕께서 직접 훈민정음을 만드신 다음 궁궐 안에 정음청을 새로 세워 일할 사람을 여덟 명 정도 뽑으셨습니다.

집현전 학사들이 훈민정음을 만든 것이 아닌가요? 그렇게 알고 있는 사람이 많은데요.

신숙주 아닙니다. 훈민정음은 세종대왕이 직접 만드셨습니다. 이를 세자와 수양대군, 안평대군, 정의공주 등 자녀들이 도왔습니다. 그래서 '운회(글자의 음을 적어 놓은 사전)'를 훈민정음으로 번역하도록 학자들에게 명령할 때 세자와 두 대군을 총책임자로 맡기셨습니다.

아, 그렇군요. 정음청이란 이름만 봐도 훈민정음과 관계된 일을 할 거라 짐작은 가는데, 구체적으로 정음청에서는 어떤 일을 하는지 알려 주십시오.

신숙주 네, 그렇습니다. 훈민정음으로 책 만드는 일을 하고 있습니다.《동국정운》을 편찬하였고《훈민정음 해례본》과《홍무정운역훈》도 펴냈습니다.《용비어천가》를 완벽하게 고친 곳도 정음청입니다.

그럼 정음청에서 일하시는 분들은 한자나 한문, 훈민정음을 모두 잘 아시는 분들이겠네요.

신숙주 그렇다고 볼 수 있습니다. 하지만 어디 세종대왕만큼 잘 아는 분이 있을까요? 세종대왕은 우리 나라에서 나온 책을 모두 다 보셨답니다. 또 음운학의 권위자여서 그분만큼 음운에 대해 잘 아는 사람이 없습니다. 실제로《동국정운》이나《홍무정운역훈》을 만들 때 모르는 것을 여쭈어 보았고, 일일이 한 글자마다 제가 직접 임금께 검사 받았답니다.

뛰어난 성군과 더불어 일하는 젊은 학자들, 환상의 모둠이군요! 마지막으로 일하시면서 어려운 점이 있다면 한 말씀 해 주십시오.

신숙주 일은 힘들어도 보람이 있습니다. 정부에서 물질적으로나 정신적으로 지원도 많이 해 줍니다. 다만, 백성들이 훈민정음을 사랑하고 더욱 널리 썼으면 좋겠습니다.

세조 7년 설치한 간경도감

한글로 된 불경을 많이 만들어

유교의 나라 조선에 불교 경전을 간행하기 위한 임시 기관이 설치되었다. 그것은 바로 1461년 불교를 좋아한 강력한 왕, 세조의 명에 따라 세운 간경도감이다.

세조는 아버지 세종이 훈민정음을 만들 때 도왔고, 훈민정음으로 쓴 산문인 《석보상절》의 지은이이기도 하다.

불교에 관심이 많았던 세조가 왕이 된 후 더욱 불교를 가까이한 이유로 주변에서는 조카를 몰아내고 왕이 된 죄책감과 병으로 아들을 잃은 슬픔 때문이라고 말한다.

간경도감은 불교 경전을 한문본과 한글본 두 가지로 간행하려고 하였다.

한문본은, 고려 때 펴냈으나 몽고 침입으로 불타 전하지 않는 의천의 속장경을 다시 펴내는 것이 주된 일이었다.

한글본은, 시들어 가는 불교 신앙을 다시 일으키기 위해 가장 기본이 되는 주요 경전을 알기 쉽게 번역, 펴내는 것이었다.

간경도감은 궁궐에 본사가 있고 개성, 안동, 상주, 진주, 전주, 남원 등 여러 지방에 분사가 있었다. 보직을 맡은 관리는 20여 명이 넘고 간경도감에서 일하는 일꾼만 170여 명에 이르는 거대한 사업이었다.

특히, 건설에 30일 이상 종사한 사람은 수를 제한하지 않고 승려가 될 수 있도록 하여 희망자가 줄을 이었다고 한다.

조선은 유교를 중시하고 불교를 억압하는 사대부들이 세운 유교의 나라이지만 민간에 깊이 뿌리 내린 불교가 사라진 것은 아니었다. 오히려 불교의 이념과 교리를 쉽게 알 수 있도록 불교 경전을 우리 글로 만들어 내는 간경도감 사업에 긍정적인 시선을 보내는 사람이 많았다.

물론 유교를 숭상하는 사대부들이나 조정 대신들은 규모가 큰 간경도감 사업에 크게 반대하기도 했다.

하지만 간경도감 사업은 불교를 알리는 것 뿐만 아니라 훈민정음을 널리 쓰게 만드는 계기가 되었다.

훈민정음으로 쓴 최초의 산문 석가모니 이야기 《석보상절》

세종 28년(1446년) 세종대왕의 왕비 소헌왕후가 세상을 떠났다. 수양대군이 어머니의 명복을 빌기 위해 불교 경전을 만들겠다고 하자 세종대왕은 흔쾌히 허락하였다.

훗날 세조가 된 수양대군은 승우의 《석가보》와 도선의 《석가씨보》를 참고로 석가모니와 그 가족의 일생을 이야기로 펴냈다. 그 작품이 《석보상절》이다.

'석보' 는 석가의 이야기, '상절' 은 중요한 것은 상세히, 중요하지 않는 것은 생략한다는 뜻이다. 《석보상절》은 훈민정음으로 번역한 최초의 경전으로 문체가 아주 아름답고 자연스럽다.

세종대왕은 《석보상절》을 보고 긴 불교 노래를 직접 지었는데, 바로 《월인천강지곡》이다. 한글을 주로 쓰고 한자를 가끔 표기한 최초의 문헌으로 서정적이며 아름다운 시로 평가된다.

후에 《월인천강지곡》과 《석보상절》을 합하여 《월인석보》를 만들기도 했다. 《월인석보》는 《용비어천가》처럼 한 줄거리의 《월인천강지곡》 몇 수를 먼저 싣고, 풀이에 해당하는 《석보상절》을 뒤에 붙였다.

한눈에 볼 수 있는 한글로 쓴 책들

세종부터 세조 때까지 한글로 쓰거나 번역한 책들이 무엇인지, 또 그 지은이들은 누구인지 정리해 보았다.

임금	때	책 제목	지은이
세종	27년	《용비어천가》	권제 정인지 안지
	28년	《훈민정음 해례본》	최항 박팽년 신숙주 성삼문 강희안 이개 이선로 정인지
	29년	《동국정운》	신숙주 최항 성삼문 박팽년 강희안 이선로 조변안 김증 이개
	29년	《석보상절》	수양대군 안평대군 김수온
	29년	《월인천강지곡》	세종대왕
	30년	《사서 언해》	집현전 학사
단종	3년	《홍무정운역훈》	신숙주 성삼문 조변안 김증 손수산
	3년	《사성통고》	신숙주
세조	4년	《초학자회언주》	최항 한계희 김구 이승소 최선복
	5년	《월인석보》	세조 신미 수미 설준 인준 효운 해운 해초 사지 학열 학조 김수온
	7년	《잠서 언해》	최항 한계희
	8년	《능엄경 언해》	세조
	9년	《법화경 언해》	세조
	10년	《선종영가집 언해》	효령대군 신미 해초 인일 효운 혜통 연희
	10년	《금강경 언해》	김수온 한계희 노사신
	10년	《반야바라밀다심경 언해》	효령대군 한계희
	10년	《불설아미타경 언해》	세조
	11년	《원각경 언해》	신미 효령대군 한계희
	13년	《목우자수심결》	신미
	13년	《법어》	신미

열린 생각 열린 말   훈민정음을 말하다

한글로 된 책을 읽고 싶어
과거 시험에 훈민정음 과목을 넣어야

우리 글자 훈민정음이 만들어진 후 그 쓰임새에 대해 다양한 의견이 나오고 있다. 그래서 여러 분야 사람들을 한자리에 모아 생각과 바람을 들어 보았다.

토론 참가자 소개

수양대군 세종대왕의 아들 (이후 세조가 됨)이자 사회

농민 김씨 훈민정음을 배웠으나 읽을 책이 없어 안타까워하는 농부

양반 김씨 한문을 알아야만 공부를 할 수 있다 주장하는 나이 든 양반

역관 장씨 글자는 말에 바탕을 두어야 한다는 통역관

이방 김씨 과거 시험에 훈민정음 과목을 넣어야 한다는 젊은 이방

수양대군 아버님 세종께서 만드신 훈민정음을 어떻게 쓰는 것이 좋을지 여러분들의 다양한 생각을 듣고 싶습니다. 터놓고 이야기해 주십시오.

농민 김씨 저는 훈민정음을 배워 잘 압니다. 요즘은 편지도 쓰고, 해마다 씨 뿌리고 거둔 것을 적어 놓고 잘 되고 못 된 것을 견주어 보기도 합니다.

장님이 눈을 뜨고 세상을 보는 것처럼 정말 살맛이 납니다. 그런데 아직 읽을 만한 책이 그리 많지 않습니다. 농사법이나 간단한 민간 요법, 약초 이용법 같은 것을 다룬 책이 있다던데 한글로 번역되어 나왔으면 좋겠습니다.

양반 김씨 훈민정음이 배우기 쉬운 글이긴 하지만 훈민정음만으로는 공부다운 공부를 할 수 없습니다. 옛 성현들의 말씀을 배우려면 역시 한문을 읽을 줄 알아야 합니다. 제 생각엔 훈민정음은 어리석은 백성을 위한 글이지 학문을 위한 글은 아닌 듯하군요.

역관 장씨 제 생각은 다릅니다. 지금 훈민정음은 갓난아기와 같습니다. 지금의 쓰임을 보고 앞으로도 똑같으리라 생각하는 것은 잘못된 생각입니다.

대체로 양반들이 한자를 읽고 쓸 줄 알지만 중국말은 할 줄 모릅니다. 또 우리가 쓰는 한문이 중국에서 쓰는 한문과 똑같은 것도 아닙니다.

우리 글이 없을 때는 어쩔 수 없이 한자를 빌려 썼지만, 앞으로는 일상 생활과 학문을 모두 한글로 해야 한다고 생각합니다. 읽으면 바로 뜻을 알 수 있는 글을 두고 왜 굳이 풀이하면서까지 한문을 쓴단 말입니까?

말에 바탕을 두지 않은 글로 학문을 하는 데에는 한계가 있습니다. 중국 문물을 들여 오는 것은 전문 번역가와 역관이 맡으면 됩니다.

이방 김씨 저는 지금까지 이두를 써오다 훈민정음을 배웠습니다. 이두보다 훈민정음이 훨씬 배우기도 쉽고 정확합니다. 저도 역관 장씨 의견과 같습니다.

다만, 훈민정음을 더 빠르고 널리 사용하게 하려면, 과거 시험 과목에 훈민정음을 넣어야 한다고 봅니다. 또 법조문과 공문서, 노랫말도 모두 훈민정음으로 만들어야 합니다.

말 따로 글 따로 쓰던 불편함에서 되도록 빨리 벗어나고 싶습니다.

수양대군 여러분의 이야기 잘 들었습니다. 빠른 시간 안에 다양한 책을 번역하게 하고, 과거 시험 과목에 훈민정음을 넣어야 하겠군요. 소중한 말씀 해 주셔서 고맙습니다.

기자의 눈

지식 전달, 이제 한글 책으로

최근 우리 나라에는 정치, 법률, 역사의 학문 분야뿐 아니라 문학, 음악, 어학, 천문, 지리, 의학, 농업 등 과학 기술과 예술 방면에 이르기까지 온갖 책이 봇물처럼 쏟아져 나오고 있다. 학문을 좋아하는 성실한 임금과 각 분야의 여러 전문가들이 문화를 꽃 피우기 시작하였다.

전에는 거의 중국 것을 그대로 들여 온 책이 많았다면 요즘의 책들은 우리의 현실에 맞는 것이 많다.

그 예로 1442년 완성한 《칠정산》에서는 서울을 기준으로 날짜 계산 같은 천문 계산을 할 수 있게 했다. 음악 분야에서는 동양 최초로 음의 높낮이와 박자를 동시에 적을 수 있는 《정간보》를 만들었다.

농업 분야에서도 각 지방의 농사 경험이 많은 농부들에게서 각 지방에 따라 다른 농업 환경과 작물의 재배법을 조사해 책으로 엮은 《농사직설》이 나왔다.

이 책은 중국에서 나온 책 이외에는 농업 관련 책이 거의 없던 때 출간된 것이어서 인기리에 널리 읽혔다.

농사 관련 책이나 의약서같이 실제 생활에 도움을 주는 책들을 쉬운 한글로 써서 출판한다면 더 많은 사람이 훈민정음의 혜택을 입게 될 것이다.

이 땅의 지식이 모든 사람을 위해 쓰일 수 있도록 한글이 통로 역할을 할 수 있어 우리의 앞날은 환하다.

ㄹ 들여다보기

혀끝을 윗잇몸에 가볍게 대었다가 떼면서 내는 울림소리, 반혓소리다.

혀가 윗잇몸에 붙은 모양을 본뜬 혓소리의 기본 글자 ㄴ과 닮았지만, ㄴ 소리가 세짐에 따라 획이 더해지는 ㄷ, ㅌ처럼 획이 더해진 것은 아니다.

'별' 자의 끝소리로 쓰인다.

우리말 표기에는 알맞으나 한자음 표기에는 알맞지 않다.

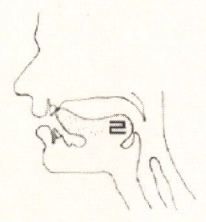

엄청나게 많은 지식을 담을 수 있어

책을 많이 만들게 해 준 인쇄술

글자는 인쇄를 통해 책으로 만들어지면서 시간과 공간의 한계를 뛰어넘는 힘을 지닌다. 그래서 인쇄술의 발달 정도는 사회의 문화 수준을 가늠할 수 있는 기준이 된다.

우리 민족은 이미 고려 시대에 팔만대장경을 찍어 낼 만큼 목판 인쇄술이 크게 발달했고, 세계 최초로 금속 활자도 발명하였다.

같은 책 계속 찍어내는 목판

목판 인쇄는 원고 내용을 나무판에 새겨 책을 찍어내는 방법이다. 책의 한쪽 한쪽을 모두 나무판에 새겨야 하기 때문에 비용이나 시간이 많이 들고, 만들어진 목판을 보관하기도 무척 어렵다. 그러나 한 번 목판을 만들면 같은 책을 계속 다시 찍어낼 수 있다는 장점이 있다. 특히 그림이 들어간 《삼강행실도》는 목판 인쇄가 적합하다. 간경도감에서 찍어낸 한글, 한문 불교 경전들도 대개 목판 인쇄로 되어 있다.

더 빠르고 경제적인 금속활자

활자 인쇄는 목판 인쇄의 단점을 보완하기 위해 나온 인쇄법이다. 한 벌의 활자를 만들어 두고 필요한 책을 수시로 찍어내는 방법이다. 주로 금속으로 활자를 만든다.

세종대왕은 목판 인쇄보다 더 빠르고 더 경제적인 금속활자의 가능성을 믿고 금속활자를 인쇄 과정에서 고정시키는 방법을 만들도록 했다. 이렇게 만들어진 경자자(1420년)는 하루에 40장까지 인쇄를 할 수 있을 정도로 빨라졌다. 더 나아가 갑인자(1434년)는 크고 보기 좋은 글자로 조선시대 내내 가장 사랑 받는 활자가 되었다. 또 눈이 나쁜 노인들을 위해 병진자(1436년)라는 큰 활자도 만들었다.

한글도 활자로 만들어졌는데 한글 활자로 맨 처음 인쇄된 책은 《석보상절》과 《월인천강지곡》이다.

최고 수준에 까지 이른 목판 인쇄술과 발전에 발전을 거듭한 금속활자의 인쇄술은 국가 주도의 출판 문화 사업을 뒷받침하였고, 교육을 비롯한 전반적인 문화 수준을 높이는데 크게 이바지하였다.

내 생각은 이래요

아이들도 이젠 한글 책을

저는 7살, 10살 된 남매를 키우는 사대부가의 여성이에요. 물론 한문도 배워 책을 읽고 간단한 글을 쓸 줄 알지만, 한자 음에 맞춰 읽고 이해하려면 뜻을 다시 새겨야 하고, 글을 쓰려면 번거롭게 뜻에 맞춰 한자로 바꿔야 해서 책 읽기나 글 쓰기를 별로 좋아하지 않았어요.

그런데 새 글자 훈민정음은 한자와 달리 그냥 읽으면 되고, 생각나는 대로 말하는 대로 쓸 수 있는 글이어서 정말 좋아요. 이젠 책을 읽고, 글을 쓰는 일이 참 재미있고 즐거워요. 또, 한글로 된 불교 경전이 있어 얼마나 좋은지 몰라요.

한 가지 바라는 점은 아이들을 위한 한글로 된 책이 있었으면 하는 것이에요. 읽기 쉬운 이야기책이나 아이들을 위한 번역 책이 빨리 나왔으면 해요. 우리 마을 사람들도 한글에 관심이 많아요. 읽을 거리가 조금만 있어도 한글은 금방 퍼져서 글 모르는 사람이 없는 세상이 올 거라 생각해요.

놀며 생각하며

- 한글로 쓰인 첫 책은 무엇일까?
- 한글 활자로 제일 처음 인쇄된 책은?
- 훈민정음을 사용하여 책 만드는 일을 하던 곳은?

네 칸 만화

음의 높낮이와 박자를 적을 수 있네! 세계적인 음악을 작곡해야지.

난 우리 지방의 농작물에 대해 연구해서 일등 농사꾼이 될 거야.

허허, 고놈들! 어떻게 그리 기특한 생각을 했느냐?

우리에겐 한글이 있으니까요!

한글에 대한 모든 것 ㄹ신문

한글로 책을 만들다!

또바기는 한글 서당에 다녀요.
또바기라는 이름은
'언제나, 한결같이, 꼭 그렇게'의
뜻을 지닌 순우리말이에요.

다아라 박사님은 한글 대학 교수님이에요.
오랫동안 한글 공부를 해서 박사님이
되었어요. 모르는 것 없이 다 안다고 해서
다아라 박사님이라고 불러요.

다아라 박사 훈민정음이 만들어진 후 한글로 만든 책들이 나오기 시작했어요.

새 글자가 생긴 후 여러 가지 달라진 점이 담긴 〈ㄹ 신문〉 기사를 잘 읽어 보았지요?

그래도 모르는 내용이 많다고요?

그럼, 이제 이 다아라 박사가 나설 때가 되었군요.

손 들고 질문하면 차례대로 설명해 줄게요.

 아들 저요, 저요!

하나, 훈민정음이 얼마나 많이 쓰였는지 알고 싶어요.

둘, 《용비어천가》를 왜 만들었는지 다시 말씀해 주세요.

셋, 《석보상절》과 《월인석보》는 무엇이 다른지 알고 싶어요.

넷, 《동국정운》은 어떤 책인가요?

다섯, 저도 번역가가 될 수 있을까요?

여섯, 책을 만들려면 인쇄술이 발달해야 할 텐데 그 때는 어땠나요?

다아라 박사 자자, 하나씩 하나씩 알아 보도록 해요. 잘 따라 오세요.

☆ 또바기는 이것이 궁금해요 ☆
한글로 만든 책과 한글로 번역한 책이 무엇인지 자세히 알고 싶어요.

그 땐 왜 한글을 잘 쓰지 않았을까?

1443년 훈민정음을 만들었고, 1445년 《용비어천가》를 지었어. 1446년에는 한글에 대해 한문으로 설명한 《훈민정음》이란 책이 나왔지. 1447년에는 석가모니의 일대기를 한글로 옮긴 《석보상절》과 《월인천강지곡》이 나왔어.

저기 세종대왕님이 계시니 훈민정음에 대한 생각을 알아 보자.

훈민정음은 문학적인 글을 쓰는 데 아주 좋아.

용비어천가

몇 개의 한자어를 빼면 대부분의 낱말이 토박이말인데, 이렇게 쉽게 훈민정음으로 쓸 수 있다니 정말 놀랍도다.

훈민정음 언해

불교 경전을 이렇게 쉽고 자연스럽게 읽을 수 있다니! 뜻에 대한 설명을 좀 더 하면 온 백성이 그 진리와 만날 수 있겠군.

석보상절

앞으로 모든 글자 생활이 훈민정음으로 이루어질 것이다. 불편하고 어려웠던 한자에서 벗어나, 토박이말을 훈민정음으로 적어 본래의 음과 뜻을 되찾을 수 있을 것이다.

훈민정음으로 쓴 《용비어천가》《석보상절》 등을 본 세종대왕님은 한글의 쓰임새에 만족하셨어.

백성에게 고하라

훈민정음

이렇게 세종대왕님은 조선의 글자 생활이 한자 중심에서 한글 중심으로 바뀌리라는 희망과 기대에 부풀었지.

하지만 그런 기대와 달리, 한글을 쓰고 가르쳐야 할 사대부들은 훈민정음을 못마땅하게 여기고 무시하며 쓰지 않았어.

사람들이 얼마나 무관심했는지 볼까?

한문 공부할 시간도 모자라 책을 들고 다니며 외워야 하는데 한글 공부할 시간이 어디 있어요?

관리

나라에서 유교를 중시한다 해 놓고, 왜 이렇게 불교 경전을 번역하는지 모르겠군요. 이런 걸 읽으면 실력 없다는 소문이 나요.

휙

유학자

한문도 불편하지 않은데 굳이 한글을 배울 필요가 없지.

앞으로 중국에서 직접 책을 사다가 봐야겠어.

지식인

에헴…

한글은 쉽게 배워 쓸 수 있다고 하는데, 유학자나 지식인들이 자세히 가르쳐 줘야 배우지.

백성

모두 무시하네.

이럴 수가!

세종대왕님과 사대부들의 생각이 너무 다르잖아! 결국 한글을 널리 쓰는 일은 어렵게 되었어.

사대부들은 계속 한자를 표기 수단으로 삼았고, 부녀자와 일반 백성들만이 한글을 사용하였거든.

또바기의 한글 공책

한글 이럴 때 썼다!

1. 토(구결)를 대신해 한글을 썼다.
2. 우리말 순서에 따라 한글과 한자를 섞어서 썼다.
3. 백성들 사이에 유행하는 노래를 적을 때 한글을 썼다.

한글로 쓴 첫 책

세종대왕이 한글을 만드신 후 처음 한글로 쓴 책은 무엇일까?

한글을 직접 만드신 세종대왕은 새 글자를 잘 알지만, 사람들이 과연 훈민정음을 잘 사용할지 걱정이 많으셨어. 그래서 '훈민정음 해설서'를 만들게 하고 조선이 세워진 이야기를 한글로 쓰도록 하셨지.

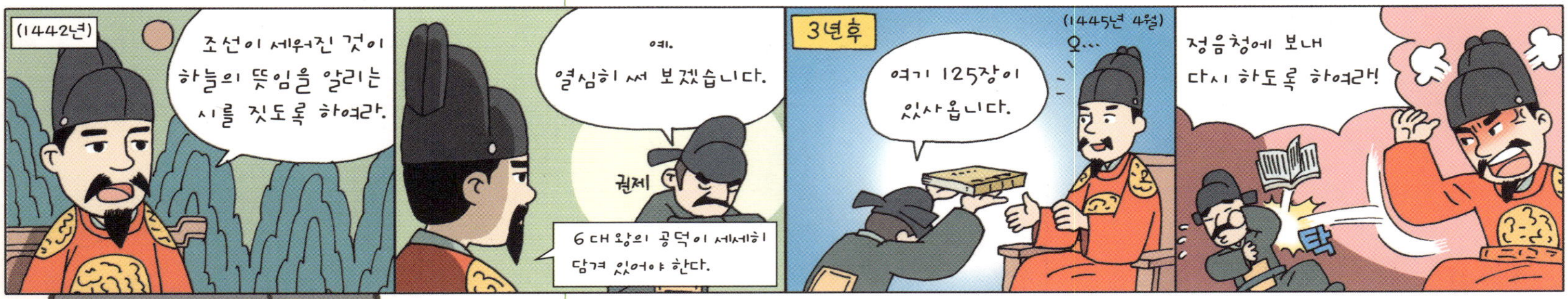

(1442년) 조선이 세워진 것이 하늘의 뜻임을 알리는 시를 짓도록 하여라.

예. 열심히 써 보겠습니다.

권제

6대왕의 공덕이 세세히 담겨 있어야 한다.

3년후 (1445년 4월) 오... 여기 125장이 있사옵니다.

정음청에 보내 다시 하도록 하여라!

탁

세종대왕은 왜 권제 등이 올린《용비어천가》를 정음청에 보내 다시 고치라고 했을까?

《용비어천가》를 한글로 지으라는 명령을 받은 권제, 정인지, 안지 중 권제와 안지는 훈민정음 사업에 참여하지 않았어. 한글로 써야 하는데 한글을 잘 알지 못하면 제대로 쓰기가 어려웠을 거야.

하지만 정음청에서 일하던 최항·박팽년·신숙주·이선로·이개·강

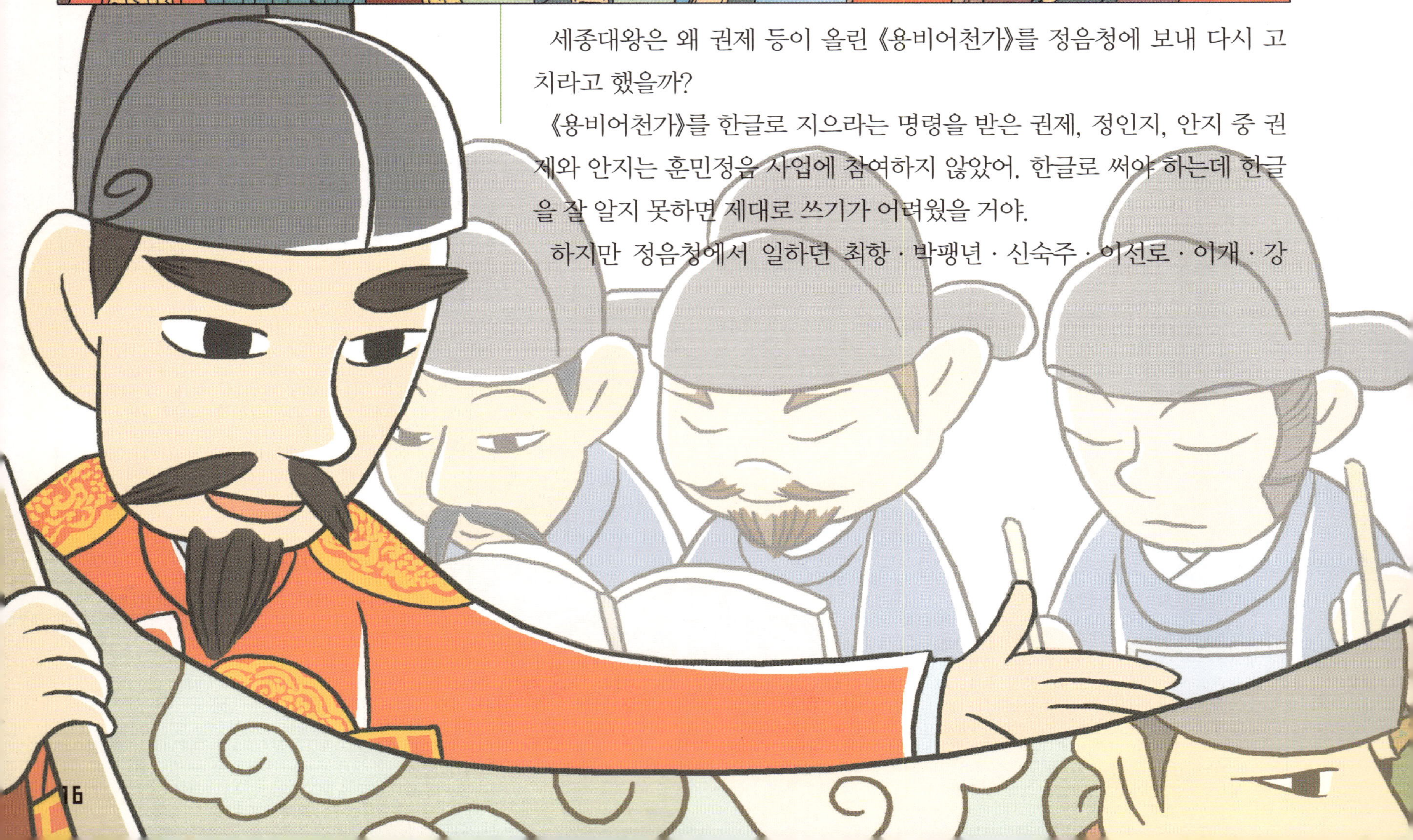

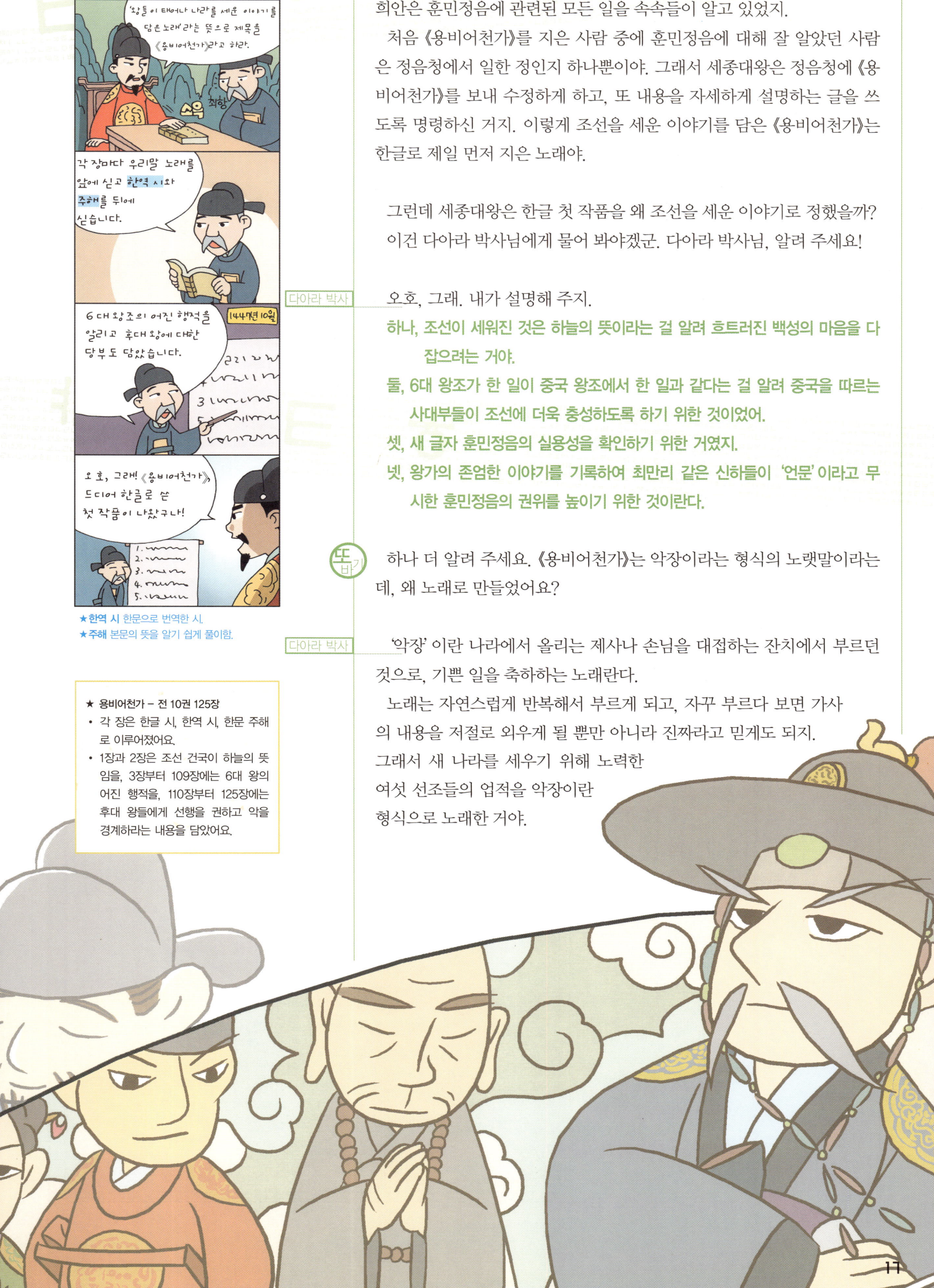

[만화 속 말풍선]

'왕들이 태어나 나라를 세운 이야기를 담은 노래'라는 뜻으로 제목을 《용비어천가》라고 하라.

세종 / 최항

각 장마다 우리말 노래를 앞에 싣고 한역 시와 주해를 뒤에 싣습니다.

6대 왕조의 어진 행적을 알리고 후대 왕에 대한 당부도 담았습니다.

1444년 10월

오호, 그래! 《용비어천가》 드디어 한글로 쓴 첫 작품이 나왔구나!

1.
2.
3.
4.
5.

★ 한역 시 한문으로 번역한 시.
★ 주해 본문의 뜻을 알기 쉽게 풀이함.

[노란 박스]

★ 용비어천가 – 전 10권 125장
• 각 장은 한글 시, 한역 시, 한문 주해로 이루어졌어요.
• 1장과 2장은 조선 건국이 하늘의 뜻임을, 3장부터 109장에는 6대 왕의 어진 행적을, 110장부터 125장에는 후대 왕들에게 선행을 권하고 악을 경계하라는 내용을 담았어요.

[본문]

희안은 훈민정음에 관련된 모든 일을 속속들이 알고 있었지.

처음 《용비어천가》를 지은 사람 중에 훈민정음에 대해 잘 알았던 사람은 정음청에서 일한 정인지 하나뿐이야. 그래서 세종대왕은 정음청에 《용비어천가》를 보내 수정하게 하고, 또 내용을 자세하게 설명하는 글을 쓰도록 명령하신 거지. 이렇게 조선을 세운 이야기를 담은 《용비어천가》는 한글로 제일 먼저 지은 노래야.

그런데 세종대왕은 한글 첫 작품을 왜 조선을 세운 이야기로 정했을까? 이건 다아라 박사님에게 물어 봐야겠군. 다아라 박사님, 알려 주세요!

다아라 박사

오호, 그래. 내가 설명해 주지.

하나, 조선이 세워진 것은 하늘의 뜻이라는 걸 알려 흐트러진 백성의 마음을 다 잡으려는 거야.

둘, 6대 왕조가 한 일이 중국 왕조에서 한 일과 같다는 걸 알려 중국을 따르는 사대부들이 조선에 더욱 충성하도록 하기 위한 것이었어.

셋, 새 글자 훈민정음의 실용성을 확인하기 위한 거였지.

넷, 왕가의 존엄한 이야기를 기록하여 최만리 같은 신하들이 '언문' 이라고 무시한 훈민정음의 권위를 높이기 위한 것이란다.

또바기

하나 더 알려 주세요. 《용비어천가》는 악장이라는 형식의 노랫말이라는데, 왜 노래로 만들었어요?

다아라 박사

'악장' 이란 나라에서 올리는 제사나 손님을 대접하는 잔치에서 부르던 것으로, 기쁜 일을 축하하는 노래란다.

노래는 자연스럽게 반복해서 부르게 되고, 자꾸 부르다 보면 가사의 내용을 저절로 외우게 될 뿐만 아니라 진짜라고 믿게도 되지. 그래서 새 나라를 세우기 위해 노력한 여섯 선조들의 업적을 악장이란 형식으로 노래한 거야.

석보상절과 월인석보 이야기방에서 만나다

《용비어천가》가 한글로 된 첫 작품이라면,
한글로 쓰인 첫 산문 작품은 《석보상절》이야.
〈ㄹ 신문〉을 꼼꼼히 읽었더니 진짜 똑똑해진 것 같지?
하지만 《석보상절》이 어떤 산문인지는 그래도 잘 모르겠어.
또 이름이 비슷한 《월인석보》와는 뭐가 다른 거지?
컴퓨터 검색을 통해 알아 볼까?

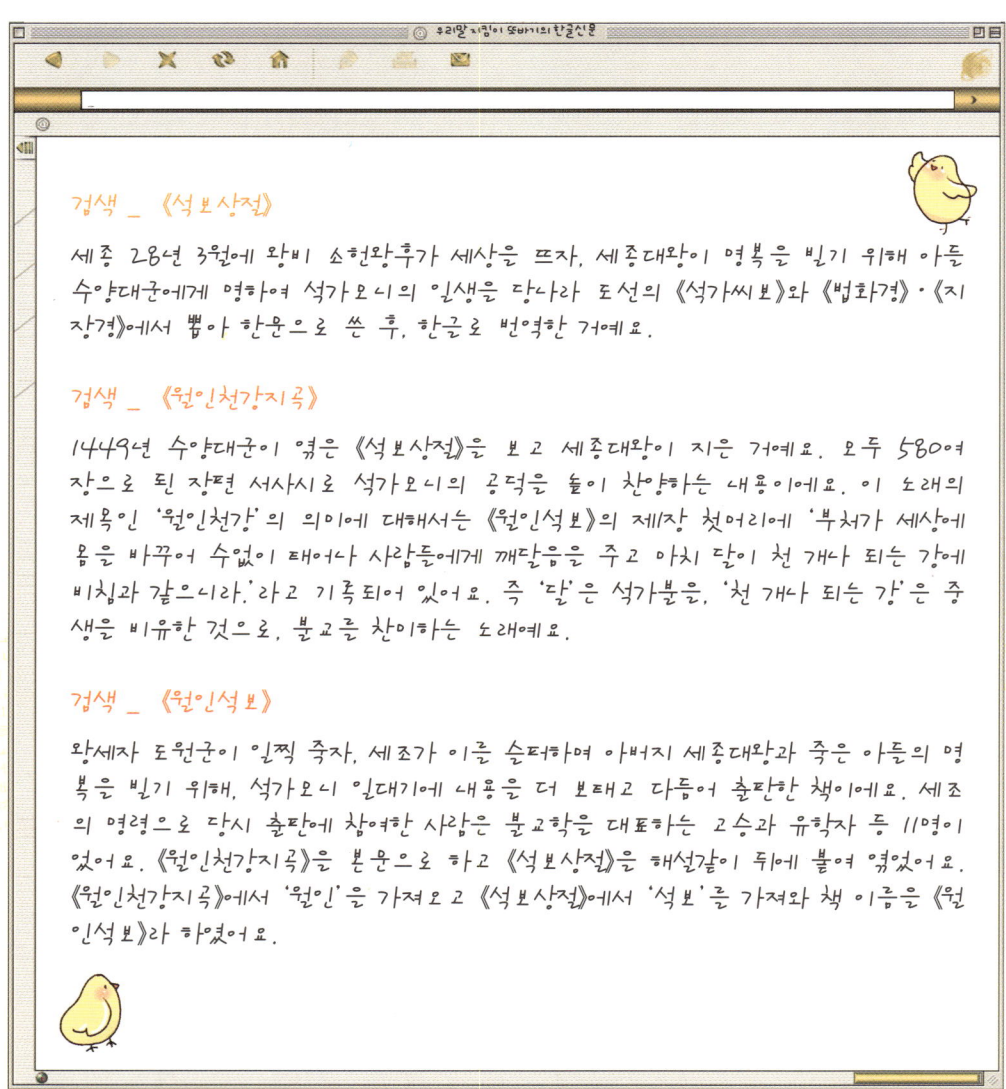

검색 _ 《석보상절》

세종 28년 3월에 왕비 소헌왕후가 세상을 뜨자, 세종대왕이 명복을 빌기 위해 아들 수양대군에게 명하여 석가모니의 인생을 당나라 도선의 《석가씨보》와 《법화경》·《지장경》에서 뽑아 한문으로 쓴 후, 한글로 번역한 거예요.

검색 _ 《월인천강지곡》

1449년 수양대군이 엮은 《석보상절》을 보고 세종대왕이 지은 거예요. 모두 580여 장으로 된 장편 서사시로 석가모니의 공덕을 높이 찬양하는 내용이에요. 이 노래의 제목인 '월인천강'의 의미에 대해서는 《월인석보》의 제1장 첫머리에 '부처가 세상에 옴은 바꾸어 수없이 태어나 사람들에게 깨달음을 주고 마치 달이 천 개나 되는 강에 비침과 같으니라.'라고 기록되어 있어요. 즉 '달'은 석가불을, '천 개나 되는 강'은 중생을 비유한 것으로, 불교를 찬미하는 노래예요.

검색 _ 《월인석보》

왕세자 도원군이 일찍 죽자, 세조가 이를 슬퍼하여 아버지 세종대왕과 죽은 아들의 명복을 빌기 위해, 석가모니 일대기에 내용을 더 보태고 다듬어 출판한 책이에요. 세조의 명령으로 당시 출판에 참여한 사람은 불교학을 대표하는 고승과 유학자 등 11명이었어요. 《월인천강지곡》을 본문으로 하고 《석보상절》을 해설같이 뒤에 붙여 엮었어요. 《월인천강지곡》에서 '월인'을 가져오고 《석보상절》에서 '석보'를 가져와 책 이름을 《월인석보》라 하였어요.

《석보상절》은 글자대로 하면 '석가모니의 일대기를 자세하게 풀어 설명한다' 는 뜻이구나. 이제 조금 이해가 되네.

공책에 정리해 놓아야지.

또바기의 한글 공책

《석보상절》 세종대왕의 셋째아들, 수양대군이 돌아가신 어머니를 위해 여러 불경에서 좋은 내용을 골라 석가모니의 일대기에 대해 한글로 쓴 책.

《월인천강지곡》 아들이 펴낸 《석보상절》을 보고 세종대왕이 쓴 악장 형식의 시.

《월인석보》 수양대군이 왕이 된 후에, 《석보상절》과 《월인천강지곡》을 합쳐 내용을 더하고 고쳐서 펴낸 책.

★ 불경 불교의 가르침을 적은 책.

 어, 여기에 '세조의 한글 경전' 이란 이야기방이 열렸네!

무슨 이야기를 하고 있는지 엿볼까?

 이야기방

방 이름   세조의 한글 경전

《석보상절》님이 입장하셨습니다.

《월인석보》님이 입장하셨습니다.

《석보상절》: 안녕. 난 1447년에 태어난 석보상절이야.

《월인석보》: 반가워. 난 월인석보야. 1459년에 태어났으니 내가 동생이네.

《석보상절》: 우린 둘 다 세조 덕분에 세상에 나왔다는 공통점이 있구나!

《월인석보》: 나를 만들기 위해서 세조뿐 아니라 11명이나 되는 스님과 유학자가 참가했어.

《석보상절》: 난 우리 나라에서 최초로 번역된 불교 경전이야.

(^-^)v

《월인석보》: 그래? ^o^ 난 1권에 〈훈민정음 언해〉가 실려 있어 진짜 귀중한 자료야!

《석보상절》: 나야말로 한글로 쓰인 첫 산문 작품이라 소중한 유산이라 할 수 있지.

《월인석보》: 그래도 넌 결국 번역한 글이잖아.

난 세종대왕님이 쓴 시 〈월인천강지곡〉과 세조가 쓴 산문 〈석보상절〉을 합쳐 만든 독특한 문학 작품이지.

《석보상절》: 세조의 자연스럽고 세련된 글은 다른 번역 글과는 달리 정말 훌륭해!

《월인석보》: 이런 -.-;; 우리가 왜 서로 잘난 체만 하고 있지?

너는 가장 오래 된 한글 활자로 인쇄된 귀중한 자료야.

《석보상절》: 너는 다양한 글씨 체로 쓰여 있어 한글의 글꼴 연구에 많은 영향을 주었잖아.

《월인석보》: 그래, 우리 둘 다 소중한 우리 나라의 문화 유산이네. 많은 사람이 이런 사실을 알 수 있도록 해야겠어.

《석보상절》: 그래야지.^^ 그럼, 다음에 또 만나자. 안녕!

 대단해! 다음에 《석보상절》과 《월인석보》를 만나면 꼭 아는 척해야지!

한자 음을 바로잡은 동국정운

 세종대왕은 훈민정음이 완성되자 여러 자료를 수집하고 정리하여 《동국정운》을 만드셨는데, '동국정운' 이란 무슨 뜻인가요?

다아라 박사 동쪽 나라, 즉 '우리 나라의 한자 소리를 바로잡는다' 는 뜻이야.

 소리를 바로잡는다는 건 또 무슨 말이에요?

다아라 박사 텔레비전은 Television이란 영어에서 온 외래어지? 그런데 사람들은 테레비, 티비, 탤래비전처럼 여러 가지로 발음하잖니.

 그래도 맞춤법에 맞는 것은 텔레비전이잖아요.

다아라 박사 바로 그거란다. 텔레비전이 바른 발음인 셈이지. 한자가 우리 나라에 처음 들어 왔을 때는 중국식 소리를 가지고 있었어. 그런데 사람마다 제각각 쓰다 보니, 점점 발음이 달라지고 글자의 모양이나 소리가 어지럽게 되었던 거야. 그래서 한자의 정확한 발음을 정해 한글로 책을 만들려고 한 것이지.

 아, 이제 알겠어요. 《동국정운》은 한글 맞춤법에서 '로마자 표기법' 같은 책이군요.

《동국정운》

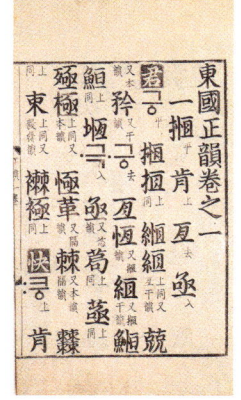

《동국정운》 일부

而曾蕪著書　以傳其正
이증무저서　이전기정
이 전에는 한자를 바르게 읽는
법을 알려주는 책이 없었다.

– 신숙주가 쓴 《동국정운》 서문 일부 –

책에게 **물어** 봐**!**

또바기: 안녕? 난 한글에 대해 열심히 공부하고 있는 또바기라고 해.

동국정운: 난 한자를 바르게 읽는 법을 알려 주는 책, 《동국정운》이야.

또바기: 네가 나오기 전에는 한자를 읽는 방법이 없었어?

동국정운: 중국말은 뜻글자인 한자를 쓰니까 글자만으로는 정확한 발음을 알 수가 없어. 그래서 한자 음을 다른 두 한자로 나타내는 발음 기호 같은 반절법을 쓰고 있었는데, 그 역시 제대로 알고 사용하거나 가르칠 사람이 적었던 거지.

또바기: 사람마다 한자를 다르게 읽으면 책을 읽고 공부하기가 굉장히 힘들었겠네? 그래서 한자 음을 하나로 정하기로 한 거구나.

동국정운: 그렇지. 우리 글이 생겼으니 한자 음을 한글로 적어 모든 사람이 같은 소리로 읽을 수 있도록 하려고 나를 만든 거야.

또바기: 어? 그런데 이상한걸! 우리 글이 생겼는데 왜 한자를 정리하려고 했을까?

동국정운: 한글은 만든 지 얼마 되지 않아서 아직까지 많은 책이 한자로 되어 있었기 때문이지.

또바기: 한자음의 발음 기호는 어떻게 표시했어?

동국정운: 훈민정음은 소리글자잖아. 발음 기호로 사용하기 가장 좋은 글자지. 신숙주와 성삼문은 정확한 중국 한자 발음을 알기 위해 중국 학자를 10여 차례나 찾아갔대.

또바기: 그렇게 정확한 발음을 책으로 기록해 두었으니까 지금까지 쓰이겠네?

동국정운: 아니야. 아쉽게도 중국 음에 가깝게 발음을 표기하려다 보니 정작 우리나라에서 쓰던 한자 음과 너무 달랐어. 그래서 40년쯤 뒤인 성종 중기 이후부터는 쓰지 않게 되었대.

또바기: 에고, 그렇게 좋은 뜻을 가지고 힘들게 만들었는데 아까워라!

한문을 한글로!

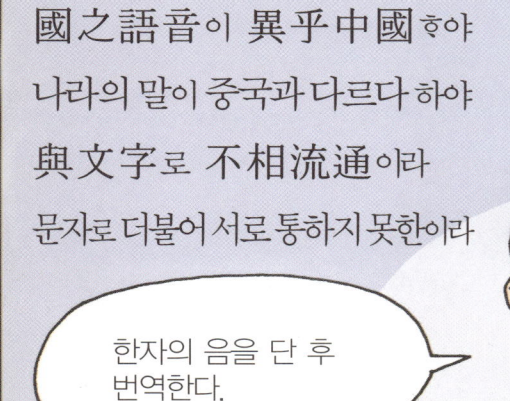

한글이 만들어진 조선 초기에는 번역할 때, 구결을 먼저 달았나 봐.

그 때는 구결을 쓰던 이두에 익숙해서 당연하게 생각했겠지.

맞아.

그런데 구결을 못마땅하게 생각한 사람들도 있었어.

그 증거를 찾아 보자.

1428년 세종실록

증거1

《예기》와 《사서》에 구결을 달도록 하라.

그럴 수는 없사옵니다.

변계량

참……

무안……

구결을 쓰면 학자들이 공부를 게을리할 수 있습니다.

그래도 책의 깊은 뜻을 알기 쉽게 하기 위해 구결을 쓰라!

증거2

맹사성

뜻글자인 한자를 소리글자인 한글로 바꾸는 것이 어려우니까 쉽게 번역하려면 구결이 필요했을 거야.

구결을 넣지 않고 번역한 글은 없을까?

따라하는 방법 2

자, 그럼 이번에는 구결을 달지 않고 해 보자.

한자에 음을 달고 한글의 순서에 맞게 번역하는 거야.

그렇게 하면?

國之語音 異乎中國
與文字不 相流通
우리 나라 말이 중국의 말과 달라서 한문으로는 서로 뜻이 통하지 않았다.

자연스럽고 이해하기 쉬워졌어!

《석보상절》이 바로 여기에 포함되지.

정리해 보자!

1. 한글과 한자를 같은 크기의 글자로 섞어 썼으며 한자에는 음을 달지 않았다. ➡ 《용비어천가》
2. 한글과 한자를 섞어 썼지만 한자어는 작은 글자로 썼다. ➡ 《동국정운》
3. 한글이나 한자어 모두 한글로 크게 쓰여 있고, 한자어는 아래쪽에 작은 글자로 한자가 쓰여 있다. ➡ 《월인천강지곡》
4. 대체로 한글과 한자를 같은 크기로 섞어 썼으며 한자음도 같은 크기로 한자 바로 아래에 썼다. 이것이 가장 많이 쓴 방식이다.

책, 어렇게 만들었대!

세종대왕은 모든 백성이 글자를 읽고 쓸 수 있게 하기 위해 훈민정음을 만드셨어.

잘아는군 그래··· 어험~

백성들이 그렇게 글자 생활을 하려면 어떻게 해야 할까?

맞아요. 책을 찍어 내는 기술이 필요해요.

바로 책이 필요해. 그리고 많은 책을 만들기 위해서는

손으로 쓴 책으로는 부족하겠죠?

인쇄술이 기본이지.

그렇지. 세종 17년, 인쇄를 맡았던 기관인 주자소를 경복궁 안으로 옮겨 '책방'이라 불렀대. 직접 책방으로 가서 그 당시의 인쇄술을 배워 볼까?

오늘 공부는 활자 만들기 → 종이 만들기 → 책 찍기 → 책 매기 순서로 이루어진다!

둥

조교

활자만들기

활판 인쇄술은 금속으로 만든 글자를 판에 모아서 찍는 방법이다.

으…, 무서워!

한 장의 책장을 필요한 수만큼 찍고, 활자를 풀어서 다음 장의 판을 짤 때 쓴다.

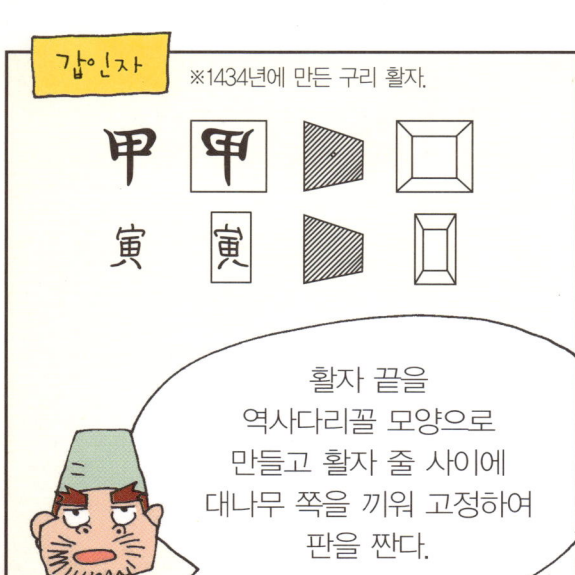

갑인자 ※1434년에 만든 구리 활자.

甲 甲 寅 寅

활자 끝을 역사다리꼴 모양으로 만들고 활자 줄 사이에 대나무 쪽을 끼워 고정하여 판을 짠다.

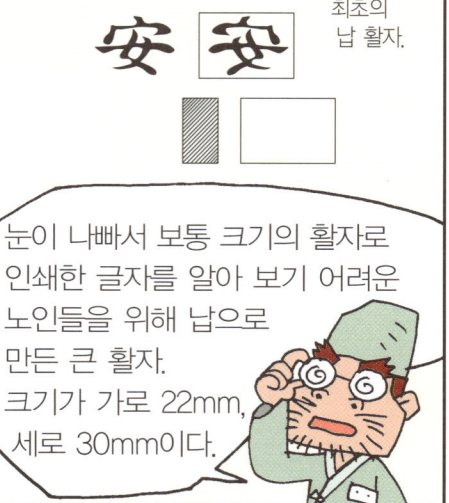

진양대군(병진)자 ※조선 시대 최초의 납 활자.

安 安

눈이 나빠서 보통 크기의 활자로 인쇄한 글자를 알아 보기 어려운 노인들을 위해 납으로 만든 큰 활자. 크기가 가로 22mm, 세로 30mm이다.

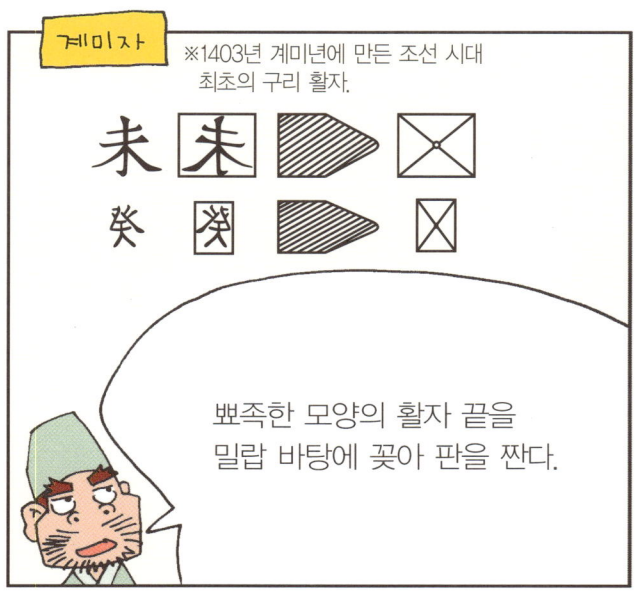

계미자 ※1403년 계미년에 만든 조선 시대 최초의 구리 활자.

未 未 癸 癸

뾰족한 모양의 활자 끝을 밀랍 바탕에 꽂아 판을 짠다.

계미자는 1403년 이직, 민무질, 박석명, 이응이 연구해 만들었고, 갑인자는 1434년 이천, 김돈, 김빈, 장영실, 이세형, 정척, 이순지 등이 연구해 만들었어.

오~ 잘아시네…

《석보상절》에 큰 글자로 쓰인 한자가 갑인자고, 《동국정운》의 서문과 작은 글자가 갑인자지.

다음으로 목판 인쇄술은 나무에 글자를 새겨 찍는 방법이다. 그림이나 표가 들어 간 책을 찍기에 편리하고, 여러 벌을 찍어야 하는 책도 목판이 경제적이지.

아~

세종대왕의 목표는 많은 백성이 한글을 알게 하는 거였어.

《훈민정음》은 반복해서 찍을 필요가 있었기 때문에 목판으로 인쇄했지.

목판은 일단 새겨지면 판이 보존되는 한 계속 인쇄할 수 있기 때문이야.

550부를 찍은 《용비어천가》, 《훈민정음 해례본》, 《훈민정음 언해본》, 《월인석보》 등이 모두 목판본이지.

종이 만들기

닥나무 기르기 → 찧기 → 끓이기 → 표백 → 완성

책 찍기

목판에는 물먹을 사용하지.

금속 활자에는 먹에 들기름과 밀랍을 섞어 끓여 만든 먹을 사용하는데

판에 먹을 솔로 묻혀서 종이에 찍어 내는 거야.

책 매기

인쇄된 책을 받는다 → 스스로 책을 맨다 → 승정원에 가져간다 → 임금의 도장을 찍어 되돌려 받으면 끝

아껴야 잘살지…

임금님표

책방에 다녀와서…

세종대왕은 백성들에게 지식을 많이 전달하기 위해 인쇄술을 발달시켰다. 나라가 발전하려면 백성들이 읽고 쓰는 법을 배워야 한다고 생각했기 때문이다.

활자를 개발하여 책의 종류에 따라 목판을 쓰기도 하고 금속 활자를 쓰기도 했다. 세종대왕 때 인쇄를 맡은 관청으로는 주자소·교서관·정음청·실록청이 있었는데 한글을 만들고, 설명서를 쓰고, 책으로 만들어 널리 나누어 주는 일을 했다고 한다.

이렇게 많은 생각과 일을 하시다니! 세종대왕은 하루가 24시간이 아니라 36시간은 되는 것 같다. 열심히 만드신 세종대왕의 뜻을 이어받아 한글을 소중하게 여기며 바르게 써야겠다.

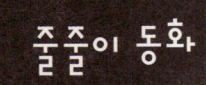

한글을 지켜라

4 영어 속에 숨은 함정

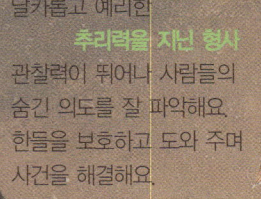

날카롭고 예리한
추리력을 지닌 형사
관찰력이 뛰어나 사람들의
숨긴 의도를 잘 파악해요.
한글을 보호하고 도와 주며
사건을 해결해요.

팔랑새

한글 역사회의 15대
한글 지킴이
'한들'이란 이름은 뜻밖에 얻은 행운이란
뜻이에요. 역사적 지식이 많으며 한글에 대한
사랑과 자부심이 대단해요.

부지런하고 항상 밝아한 기자
'팔랑새'는 희망의 소식을
지고 오는 사람이라는
뜻이에요. 정보를 모으는
열의가 대단하고, 종합하여
판단하는 능력이 뛰어나요.

한들

낮쌤

강새암 문자 박사의 언어 연구소 안에는 영어 음소가 입체 음향으로 커다랗게 울려 퍼지고 있었습니다. 강새암 문자 박사는 이 소리를 들으며 정신 없이 무언가를 컴퓨터에 입력하고 있었습니다.

"강 박사님! 안에 계세요?"

밖에서 들려 오는 팔랑새 기자의 목소리에 강새암 문자 박사는 후다닥 컴퓨터를 껐습니다.

"팔랑새 기자, 어서 와요."

"박사님, 이 소리 좀 꺼 주세요. 너무 커서 머리가 멍멍하네요."

강새암 문자 박사는 못마땅하다는 듯 입술 끝을 실룩거리며 오디오를 껐습니다.

"박사님, 하루빨리 한글 자음을 찾아야겠어요. 마이루 씨는 임시로 영어를 사용한다는 계획을 취소할 생각이 없는 것 같아요."

강새암 문자 박사는 알 듯 모를 듯 엷은 미소를 지으며 다시 컴퓨터를 켰습니다. 그리고 영어로 쓰인 계획서를 팔랑새 기자에게 보여 주었습니다.

"나의 계획은 알파벳에서 유사한 발음 표기를 찾는 거죠. 그걸 한글 모음과 합성하면 정확하지는 않아도 한글 자음에 가까운 기호를 찾을 수 있을 거예요."

"무슨 말인지 잘 이해가 되질 않네요. 자세히 좀 설명해 주세요."

"여길 봐요. 한글이나 영어나 둘 다 소리글자지요. 그러니 소리를 기호로 나타낸다는 뜻에서 보면 비슷한 글자입니다. 가령 우리 말 가의 ㄱ은 영어의 G나 K와 비슷하지요. 그러니 G나 K에 ㅏ를 합쳐서 G ㅏ, K ㅏ 처럼 만들어 보자는 겁니다."

"이렇게 해서 어떻게 한글 자음을 찾을 수 있다는 거예요?"

"하하하! 성급하긴. 역시 젊은 사람이라 머리가 빨리 돌아가지만 마음도 급하군. 글이란 사람들 사이의 약속이라고 하지 않나요? 우리가 그리 약속하고 지키면 될 일……."

"아니, 새로운 글자를 만들자는 말씀인가요?"

"아, 아닙니다. 이렇게 하면 한글 자음을 찾을 수 있을 거라는 뜻이지, 어디 이게……."

강새암 문자 박사는 허둥대며 말끝을 흐렸습니다.

"아무튼 좋습니다. 가만히 있는 것보다야 낫겠지요. 제가 무얼 도와 드리면 될까요?"

팔랑새 기자는 강새암 박사에 대해 믿음이 가지는 않았지만 어떻게든 한글 자음을 찾는 데 도움이 될 거라는 작은 희망을 가지고 말했습니다.

거리에서 과학자 바차름은 사람들의 목소리를 녹음기에 담고 있었습니다. 그 때 뒤에서 누군가 과학자 바차름의 어깨를 툭 치는 사람이 있었습니다.

"내 음성을 녹음하시오. 나의 음성은 미래에서 온 것이오."

"아, 당신은 기자 회견장에 갑자기 나타났던 바로……."

"드디어 나를 알아 보는 사람이 생겼군요. 나를 믿으시오. 나를 믿으면 모든 일이 저절로 해결될 거요."

스스로 예언자라고 말하는 허투로가 주저리주저리 말을 이어가

허두로

생각나는 대로
떠들고 다니는 예언자
근거 없는 말들을 모두
믿고 남들도 믿으라고
떠들며 돌아다녀요.

마이루

무턱대고 **밀어 붙이는 정치가**
자신의 생각은 무조건
옳다고 생각해요.

강새암

시샘이 아주 강한 **문자 박사**
유명해지기를 바라며
칭찬받기를 좋아해 절대
잘못을 인정하지 않아요.
질투와 욕심이 많아요.

바차름

한 가지 일에 끝까지
파고드는 끈질긴 과학자
'바차름'은 바르게 시작한다는 뜻이에요.
포기를 모르는 우직한 성격으로 사건 해결에
결정적 역할을 해요.

자 과학자 바차름은 얼른 녹음을 시작했습니다.

"그런데 선생님, 같은 말을 반복하시지 말고 되도록 여러 이야기를 들려 주셨으면 하는데요."

예언자 허투로는 과학자 바차름을 잠시 뚫어지게 보더니 굳은 결심이라도 한 듯 말을 시작했습니다.

"좋소, 내 당신에게 미래의 비밀을 모두 알려 주리다. 곧, 새로운 세상이 열릴 것이니……."

과학자 바차름은 예언자 허투로가 하는 말의 내용에 아랑곳하지 않고 많은 음성을 정확히 녹음하려고 마이크가 흔들리지 않도록 꼭 붙잡고 있었습니다.

한편, 한들과 날쌤 형사는 타임 캡슐 안에서 결정을 내리지 못하고 있었습니다.

"밖에 보이는 것은 가상 현실인데 어떻게 저들이 우리를 볼 수 있다는 말이지?"

"가상 현실이라고는 하지만 모두 정보로 재구성된 것입니다. 우리가 여길 나가면 또 다른 정보로 입력되어서 가상 현실 프로그램이 바뀔 수 있기 때문이지요."

"그렇다고 여기까지 와서 그냥 돌아갈 수는 없지 않은가?"

날쌤 형사는 조금이라도 더 자세히 보려고 까치발을 들고 캡슐 밖을 살펴보았습니다.

"아니, 저건 뭐지? 사람의 그림자 같은데……."

한들이 날쌤 형사가 가리키는 곳을 보았습니다. 정말 세종대왕의 왼쪽 옆 창호문 밖에 사람 형체의 그림자가 있었습니다.

"경호원인가?"

"아닐 겁니다. 한글을 만드는 것은 세종대왕의 비밀 사업이어서 경호원도 가까이 두지 않았다고 알고 있습니다."

"그래, 저 위치로 보아 분명 용 왕자가 쓴 글자를 보았을 거야."

"역시, 용이는 글씨를 잘 쓰는 구나. 그걸 이리 다오."

세종대왕은 왕자 용이 ㄱ 글자를 써 놓은 한지를 받아 차곡차곡 접었습니다. 그리고 함에 넣고는 자물쇠로 잠겄습니다.

"이제 밤이 늦었으니 그만 돌아가 쉬거라."

두 왕자가 자리에서 일어나자 창호문 밖의 그림자도 사라졌습니다. 왕자들이 나가고 세종대왕도 잠을 자기 위해 촛불을 끄고 옆의 침실로 갔습니다.

"한글 자음을 볼 수 있는 기회를 놓쳤네."

"그냥 현실로 돌아가야 할까요?"

"그래, 일단 현실로 돌아가서 위치를 세종대왕의 뒤쪽으로 지정한 다음 다시 오자고."

한글과 날쌤 형사가 타임 캡슐을 작동시키려 할 때, 창호문이 살며시 열렸습니다. 달빛이 길게 방안으로 들어오고 이어서 시커먼 그림자가 소리도 없이 들어왔습니다. 그림자는 ㄱ 글자를 써 놓은 한지를 넣어 놓은 함을 열려고 하였습니다.

- 〈ㅁ 신문〉에서 계속

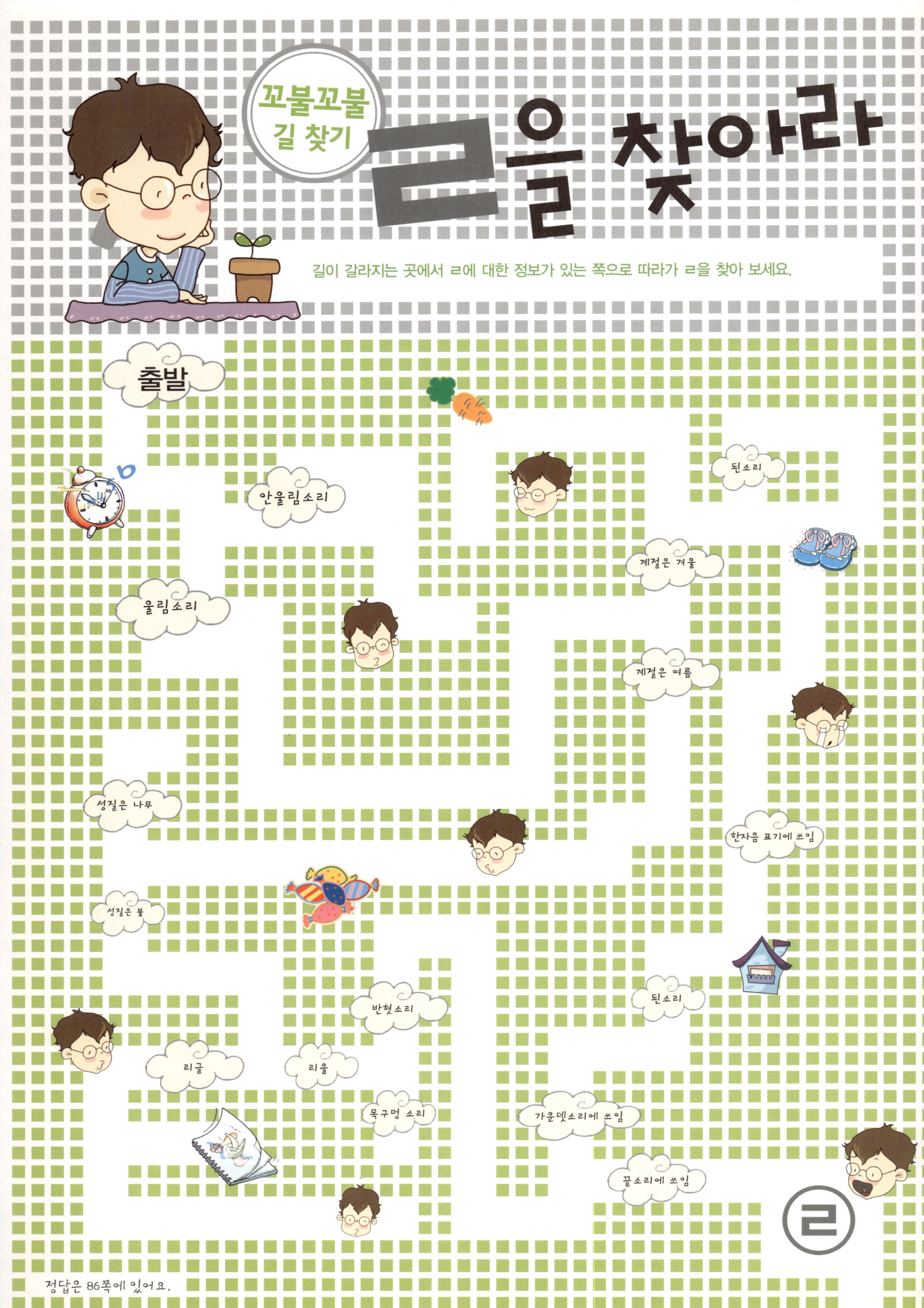

알쏭달쏭 알고 싶어요

여민락은 어떤 음악일까?

'백성과 더불어 즐기자'는 뜻의 여민락은 〈용비어천가〉의 1·2·3·4장과 125장을 노래하기 위해 만들어졌어요. 연주하는 형태는 어떠했는지, 가사는 있었는지 없었는지, 어떤 때에 연주되었는지 다음 시조를 읊으며 알아 보아요.

■ 시조로 알아 보는 여민락

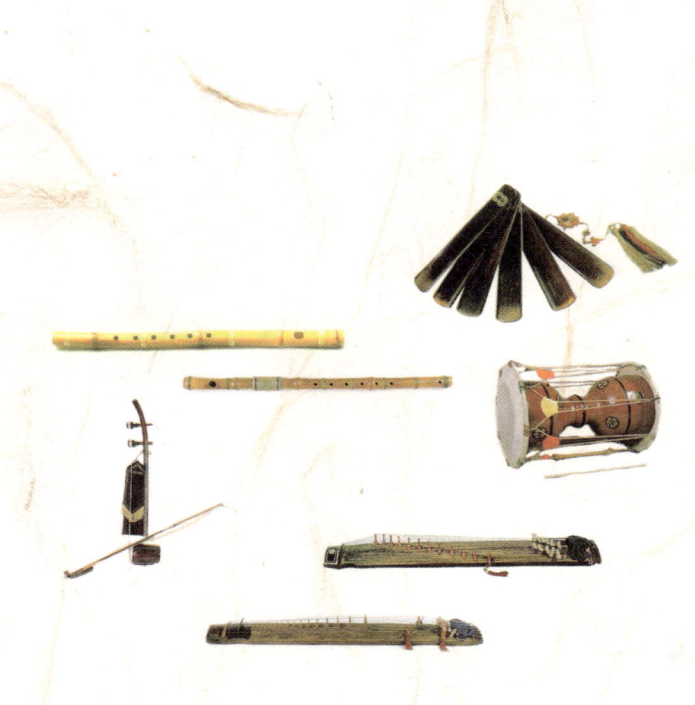

세종 조 용비어천가 일이삼사 장과
백이십오 장을 노래로 만들어
백성과 더불어 함께 즐기면서 듣노라.

사신을 반기는 연회에서 연주하고
임금님 바깥 행차 앞장서 연주하니
장엄한 연주 소리에 백성들 감동하네.

상류 사회 지식층 거문고로 연주하고
향피리 당피리 관악곡 관현악곡
여민락 연주 방법은 많기도 많았구나.

지금의 여민락은 가사는 사라지고
일 장부터 칠 장까지 기악으로 연주하니
닐리리 잊혀진 노래 그립구나, 여민락.

• 음계는 황종·태주·중려·임종·남려의 5음 음계예요.
• 악기 편성은 박, 장구, 좌고, 대금, 향피리, 해금, 아쟁, 가야금, 거문고, 당적 등이에요.
• 보통 대규모 관현악 편성으로 연주해요.
• 나라의 손님을 대접하거나 임금님이 행차하실 때 연주했고, 양반층 사이에서는 거문고로 연주하기도 했어요.

우리말 지킴이가 되고 싶ㄱ

한글은 우리 나라를 빛내 주는 소중한 우리 문화 유산이에요. 이러한 한글이 요즘 푸대접을 많이 받고 있어요. 우리 모두 자랑스런 우리말 지킴이가 되어서 한글을 아끼고 사랑합시다. 자, 다음 문제들을 풀어서 우리말 지킴이가 돼 보아요.

오늘은 ㄹ로 <u>끝나는</u> 답을 맞히는 3단계 놀이를 하려고 합니다.

왜 ㄹ로 시작하는 문제를 내지 않는지 궁금하다고요?

우리말 가운데 'ㄹ'로 시작하는 낱말이 거의 없기 때문이에요.

ㄹ로 끝나는 낱말 수수께끼 문제입니다.

보기를 보고 알아맞혀 보세요.

하나, 끊어도 끊어지지 않는 것은 무엇일까요?

둘, 나무를 주면 살고, 물을 주면 죽는 것은 무엇일까요?

셋, 이 세상 만물을 모두 덮는 것은 무엇일까요?

보기 **눈꺼풀 물 장작불**

ㄹ로 끝나는 속담 문제입니다.

보기를 보고 알아맞혀 보세요.

하나, 일이 잘 되어 가더라도 더욱 열을 내고 힘쓰면 더 큰 효과를 얻는다는 뜻의 속담은 무엇일까요?

둘, 아무런 정성을 들이지 않고 하는 일이란 뜻의 속담은 무엇일까요?

셋, 한 번 저지른 일은 돌이킬 수 없다는 뜻의 속담은 무엇일까요?

넷, 만난 지 얼마 되지 않아 곧 이별하게 된다는 뜻의 속담은 무엇일까요?

다섯, 나쁜 일을 당한 남을 도와 주지는 못할 망정 오히려 자신의 이득만을 얻으려 하는 경우에 쓰는 속담은 무엇일까요?

보기 **정 들자 이별   가는 말에 채찍질
불 난 데 도둑질   마음에 없는 염불
엎지른 물**

자, 그럼 마지막 3단계로 넘어갑니다.

ㄹ로 끝나는 토박이말 문제입니다.

하나, 오래도록 비가 오지 않음을 뜻하는 말은 무엇일까요?

둘, 우리가 사는 지구를 뜻하는 말은 무엇일까요?

셋, 나들이할 때만 입는 옷이나 신, 모자를 뜻하는 말은 무엇일까요?

넷, 옷감이나 나무를 크기에 맞게 자르는 것을 뜻하는 말은 무엇일까요?

다섯, 하찮은 일까지 속속들이 얘기하는 모양을 뜻하는 말은 무엇일까요?

여섯, 연 싸움에 이기기 위해 부레풀에 사기 가루를 섞어 바르지 않은 연줄을 뜻하는 말은 무엇일까요?

일곱, 단단하고 포동포동하게 찐 살을 뜻하는 말은 무엇일까요?

보기 **미주알고주알 참살 마름질 나들잇벌 땅별 민줄 가물**

재미있는 북한말 여행

● **가갸시절**
가갸표를 처음으로 배우던 시절. 아는 것이 없고 수준이 어리던 때.

● **날솟다**
나는 것처럼 매우 빠르게 솟아오르다.

● **늘크데하다**
패기와 정열이 없고 느른하고 맥이 없다.

● **돼지바우**
우둔하고 인정머리 없이 무뚝뚝한 사람.

● **봄봄이**
겉으로 드러나 보이는 바깥 차림새.

● **수박씨 장사**
문제를 결단성 있게, 대담하게 처리하지 못하고 사소한 것에 매여 우물거리기만 하는 사람.

● **알가리철**
물고기가 한창 알을 낳는 때.

● **줄뒤짐**
무엇을 찾기 위하여 하나하나 차례로 속속들이 뒤지는 일.

● **츠렁바위**
험하게 겹쌓인 큰 바위.

● **펄 날다**
일하는 솜씨가 아주 능숙하여 빨리 해 버린다.

한글이랑 놀며 배우며

⭐ **아주 짧은 낱말 동화**

라면

후루룩 후루룩, 호로록 호로록,
사람마다 다르게 소리가 나지요.
그래도 훌훌할 때면
생각나는 것은 모두들 똑같지요.
생각만 해도 벌써 군침이 도는
꼬불꼬불 맛있는 라면!

⭐ **'훈민정음'이라는 주제로 ㄱ에서 ㅎ까지 이어지는 14행 시를 지어 보자.**

훈민정음 십사행시 (고노도로모보소오조초코토포호)

고	마운 마음이 절로 생기네 세종대왕께, 밤낮없는	가
노	고와 백성을 사랑하는 마음으로 새로운 일을	나
도	맡아 훈민정음 만드시니, 무엇으	다
로	감사의 마음을 전할까?	라
모	두 모두 열심히 우리글을 바르게 써	마
보	답하세	바
소	스라치게 깜짝 놀랐네	사
오	늘에야 알게 되었지	아
조	목조목 알아 보니	자
초	성으로 쓰이는 자음에는 과학이	차
코	의 소에 쓰이는 모음에는 철학이 들어 있다는 걸. 이	카
토	록 훌륭한 한글에	타
포	함되어 있는 세종대왕의 정신을 보	파
호	하고 더욱 빛내세.	하

2 신문 갈무리

* 갈무리란? 잘 정돈하여 간직한다는 뜻이에요.

다아라 박사의 답안지 엿보기

1단계	**하나** 물 **둘** 장작불 **셋** 눈꺼풀
2단계	**하나** 가는 말에 채찍질 **둘** 마음에 없는 염불 **셋** 엎지른 물 **넷** 정 들자 이별 **다섯** 불 난 데 도둑질
3단계	**하나** 가물 **둘** 땅별 **셋** 나들잇벌 **넷** 마름질 **다섯** 미주알고주알 **여섯** 민줄 **일곱** 참살

모양도 크기도 각기 다른 여러 가지

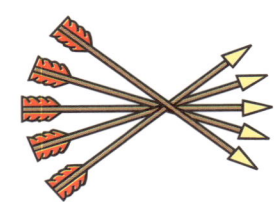

화살

고두리살 작은 새를 잡는데 쓰는 화살
다라건살 가늘고 무거운 화살
동개살 깃을 크게 댄 화살
몸빠진살 가느다란 화살
부픈살 굵은 화살
서분한살 굵으면서 가벼운 화살
아기살 짧고 작은 화살
우는살 끝에 속이 빈 나무때기 깍지를 단 화살(날면서 소리를 낸다)
촉살 두 널 조각에 홈을 파서 그 홈 속에 넣어 꼭 끼게 만든 화살

우리말 지킴이가 되고 싶어

3단계를 다 맞힌 분에게 상을 드립니다.

우리말 지킴이 상

이 어린이는 우리말을 사랑하는 마음으로 꾸준히
한글 공부를 하여 우리 나라의 소중한 유산을
빛내 주었기에 이 상을 드립니다.
상품으로 전통 화살 아홉 대를 함께 드립니다.

우리말 지킴이에게 드리는 **화살 아홉 대**

다른 그림 찾기 다른 그림은 18개예요. 답은 86쪽에 있어요. (우리말 가운데 'ㄹ'로 시작하는 낱말이 거의 없어 자주 쓰는 외래어가 들어 있어요.)

우리말 지킴이 또바기의
한글 ㅁ 신문

자음과 모음에 이름을 붙이다!

'¬'을 '기역'으로, 'ㅏ'를 '아'로 부르게 돼
새 한자 교과서 《훈몽자회》에 기록되어 있어

최근에 한글이나 한자를 배우기 시작하는 어린이들을 위한 기쁜 소식이 전해지고 있다.

중국어 잘하기로 유명하고 외국어 관련 책을 많이 쓰고 번역한 최세진이 1527년(중종 22년) 봄을 맞아, 어린이를 위한 한자 교과서 《훈몽자회》를 펴냈다. 이 책이 관심을 끄는 것은 크게 두 가지 이유에서다.

하나는 이 책을 통해 한글을 배울 수 있다는 점이다.

최세진은 평생 통역과 번역을 하는 과정에서 한글의 우수성을 깨달아, 먼저 한글을 배우고 한자를 배울 것을 권하고 있다.

특히 이 책에는 한글의 자음과 모음의 이름을 글로 기록하여 화제가 되고 있다.

다른 하나는 지금까지 나온 교과서의 잘못된 점을 고쳐 만든 새로운 교과서라는 것이다.

무턱대고 글씨만 외우는 것이 아니라 글을 잘 배워 사물과 글의 관련을 잘 이해하도록 만들었다.

보통 한자 공부를 처음 하는 사람은 《천자문》과 《유합》을 교과서로 사용하는데 《천자문》은 중국의 옛이야기에서 뽑아 낸 고사가 많다. 또 《유합》은 어려운 단어가 많아 아이들 교과서로는 좋지 않다.

한글로 풀이한 한자 교과서

최세진은 어린이가 늘 보는 풀, 나무, 새, 짐승처럼 자주 쓰는 이름부터 배워야 한다고 말했다. 글자가 사물과 따로따로가 아니므로 자주 쓰는 이름을 먼저 익히고 조금씩 어려운 단어를 배우도록 해야 한다고 주장하였다.

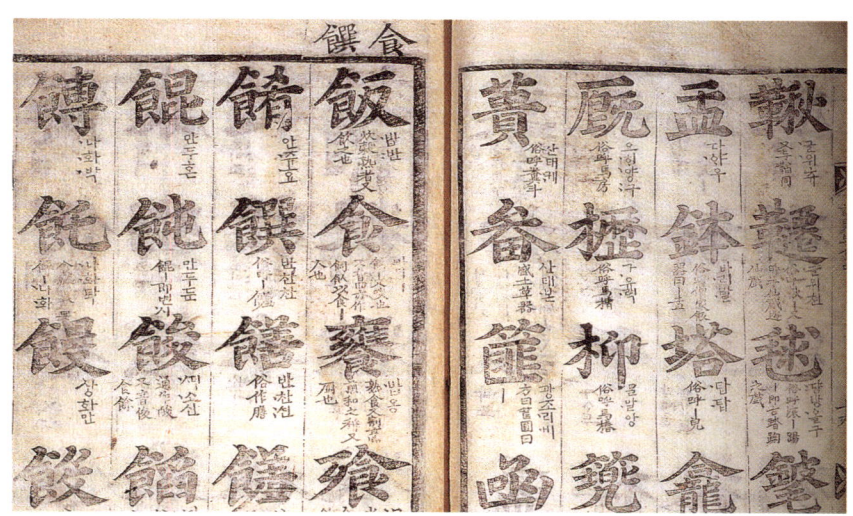

새로운 한자 교과서 《훈몽자회》 외국어 관련 책을 많이 쓰고 번역한 최세진이 어린이를 위해 펴낸 한자 교과서. 한글의 자음과 모음의 이름을 기록해 화제가 되고 있다.

《훈몽자회》는 상·중·하로 되어 있고 천문과 지리, 나무, 열매, 곤충 등의 주제별로 모두 3,360자가 들어 있다. 글자마다 한글로 음과 뜻을 적고 다시 한문으로 그 뜻을 간단하게 설명하여 이해하기 쉽게 되어 있다.

최세진은 부모가 먼저 이 책을 읽고 자녀를 가르칠 것을 권한다는 뜻으로 책 제목을 《훈몽자회》로 정하였다고 밝혔다.

《훈몽자회》에 나온 자음의 이름

두 글자 이름
기역·니은·디귿·리을·미음·비읍·시옷·이응

한 글자 이름
키·티·피·지·치·ᅀᅵ·이·히

《훈몽자회》에 나온 모음의 이름
아·야·어·여·오·요·우·유·으·이·ᆞ

자음과 모음에 이름표를 붙이자 42쪽

한글 공부, 어떻게 했을까? 48쪽

줄줄이 동화 – 한글을 지켜라 52, 53쪽

한글아, 놀자!

반절법과 반절표

한글이 만들어질 때의 정식 이름은 '훈민정음'이지만 '반절'이라는 별명도 있다. 원래 반절법이란 중국에서 글자의 발음을 적을 때 두 개의 쉬운 글자를 써서 나타내던 방법이다. 한글은 'ㄱ'과 'ㅏ'가 만나서 '가'가 되는 것처럼 자음과 모음이 합쳐져 글자가 된다. 이것이 중국의 반절법과 비슷하다고 해서 붙여진 이름이다.

씨줄과 날줄처럼 'ㄱ, ㄴ, ㄷ……'과 'ㅏ, ㅑ, ㅓ, ㅕ……'가 만나서 '가, 나, 다, 라' 또는 '가, 갸, 거, 겨……'가 되는 표를 '반절표'라고 한다.

자음\모음	ㄱ	ㄴ	ㄷ	ㄹ	ㅁ	ㅂ	ㅅ	ㅇ	ㅋ	ㅌ	ㅍ	ㅈ	ㅊ	ㅿ	ㆁ	ㅎ
ㅏ	가	나	다	라	마	바	사	아	카	타	파	자	차	ᅀᅡ	아	하
ㅑ	갸	냐	댜	랴	먀	뱌	샤	야	캬	탸	퍄	쟈	챠	ᅀᅣ	야	햐
ㅓ	거	너	더	러	머	버	서	어	커	터	퍼	저	처	ᅀᅥ	여	허
ㅕ	겨	녀	뎌	려	며	벼	셔	여	켜	텨	펴	져	쳐	ᅀᅧ	아	혀
ㅗ	고	노	도	로	모	보	소	오	코	토	포	조	초	ᅀᅩ	오	호
ㅛ	교	뇨	됴	료	묘	뵤	쇼	요	쿄	툐	표	죠	쵸	ᅀᅭ	요	효
ㅜ	구	누	두	루	무	부	수	우	쿠	투	푸	주	추	ᅀᅮ	우	후
ㅠ	규	뉴	듀	류	뮤	뷰	슈	유	큐	튜	퓨	쥬	츄	ᅀᅲ	유	휴
ㅡ	그	느	드	르	므	브	스	으	크	트	프	즈	츠	ᅀᅳ	으	흐
ㅣ	기	니	디	리	미	비	시	이	키	티	피	지	치	ᅀᅵ	이	히
ㆍ	ᄀᆞ	ᄂᆞ	ᄃᆞ	ᄅᆞ	ᄆᆞ	ᄇᆞ	ᄉᆞ	ᄋᆞ	ᄏᆞ	ᄐᆞ	ᄑᆞ	ᄌᆞ	ᄎᆞ	ᅀᆞ	ᆞ	ᄒᆞ

다양한 한글 작품을 보고 싶다

한글로 된 읽을거리가 많아야 우리 글부터 제대로 대접하자

우리 시대 가장 뛰어난 역관이 쓴 새로운 한자 교과서 《훈몽자회》가 주목 받고 있다.

예전의 다른 책에 비해 어린이가 일상 생활에서 가까이 접하는 이름부터 가르치는 세심한 배려가 눈길을 끈다. 또 한자 교과서지만 한자에 한글로도 이름을 달아 놓아 후세에 우리말의 모습을 기록해 줄 귀중한 자료로 인정할 만하다. 무엇보다 부록으로 실려 있는 '언문자모'를 통해 한글을 배울 수 있는 점이 큰 특징이자 장점이라고 할 수 있다.

그러나 한 편 아쉬운 마음을 감출 수 없다. 우리 글이 만들어진 지 70여 년이 지나서도 우리 글이 한자를 배우는 데 도움이 되는 도구 정도로 다루어지기 때문이다. 한글을 배우고 나서 《훈몽자회》의 한자를 배우고 그 다음엔 무엇을 읽으라는 것일까? 한자로 적힌 책들?

한글이 없을 땐 어쩔 수 없었지만 이젠 그렇지 않다.

우리에겐 우리말을 적을 수 있는 너무나 멋진 한글이 있다. 한글을 배운 다음 배워야 할 것은 한자가 아니라 한글로 된 다양한 책들이어야 한다.

읽을거리가 없다면 한글은 죽어 있는 글이 될 것이다.

한글은 무척 배우기 쉬운 글이다. 기본 자음과 모음이 만나 글자가 되는 원리만 배우면 되는 소리글자이기 때문에 한자처럼 두꺼운 교과서가 필요 없다.

한글 읽고 쓰는 법을 배운 다음에 한글로 된 읽을거리가 충분히 있어야 한다. 그래야 어린이들이 나중에 자기 생각을 한글로 잘 쓸 수 있게 된다.

우리 글이 아직 제대로 대접 받지 못하고 제자리를 못 찾고 있어서 몹시 안타깝다. 《훈몽자회》의 인기를 보며 재주 있는 사람들이 우리글을 위해 더 많이 애써 주었으면 한다.

한글과 만난 고려 가요

소박하고 솔직한 노래 후세에 전할 수 있어

한글이 만들어지기 전에 불렀던 고대 시가는 한문으로 기록된 것밖에 없었다. 하지만 우리말로 된 노래가 없었던 것은 아니다.

고려 시대에 불렸던 '속요'는 운율이 무척 아름답고, 평민들의 소박하고 솔직한 감정이 잘 나타나 있다. 또한 오랫동안 전해 내려오면서 다듬어져 우아하다.

고려의 노래는 기록할 글이 없어 입에서 입으로만 전해져 내려오다 한글을 만나 길이 남게 되었다.

고려의 노래가 담겨진 책에는 《악장가사》, 《악학궤범》, 《시용향악보》가 있다. 《시용향악보》와 《악학궤범》은 고려 노래의 음악 이론을 주로 담고 있고, 《악장가사》는 그 가사의 내용을 담고 있다.

《악장가사》에 실려 있는 〈청산별곡〉과 〈가시리〉, 〈사모곡〉 등은 노랫말이 아름다워 사람들의 인기를 한몸에 받고 있다.

노래 그대로 다 전해지지 못한 아쉬움 남아

하지만 이 책들에 고려의 노래가 다 담겨 있지는 않다. 조선이 유교 정신을 중시하여 남녀 간의 애정을 노래한 내용을 '노랫말이 속된 것은 문헌에 싣지 못한다.'고 하며 책에서 빼 버렸기 때문이다.

고려의 노래가 그대로 다 전해지지 못한 것은 아쉽지만 고려 사람들의 인간성과 풍부한 정서가 아름다운 한글로 기록된 것은 가치가 크다 하겠다. 그 덕분에 아름다운 우리말과 정서가 후세에 그대로 전해져 살아 남을 수 있게 되었다.

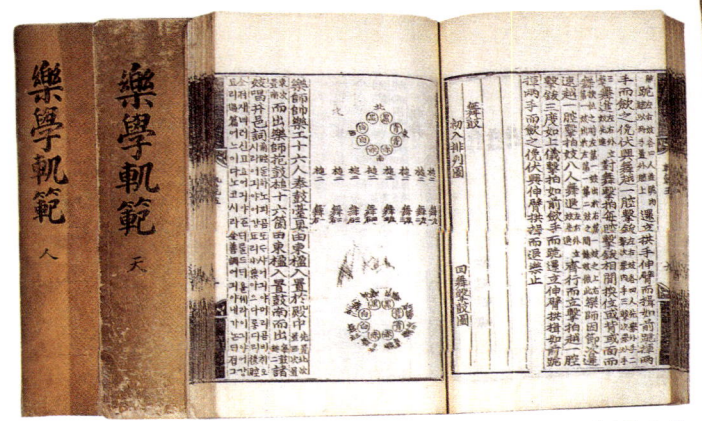

《악학궤범》

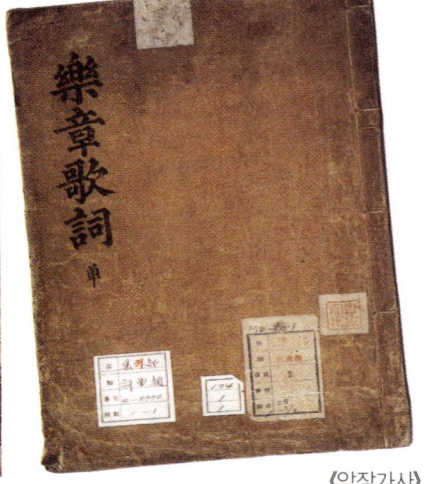

《악장가사》

《백련초해》

– 조선 명종, 성리학의 대가 김인후(1510년~1560년)가 초보 학자들에게 한시를 가르치기 위해 고대 명시 가운데 칠언고시 100수의 한자 아래에 음을 달고 옆에 한글로 뜻을 풀이한 문집.

《효경언해》

– 효도를 설명한 효경을 한글로 번역한 책. 유성룡(1542년~1607년)이 쓴 시작 글을 보면 선조의 명령으로 홍문관에서 번역한 것이라 한다.

바로 이 사람 ▶ 언어의 마술사, 최세진

소리글자인 한글은 발음을 표기하는 데도 편해

선생님은 주로 무슨 일을 하시나요?
최세진 중국에서 사신이 올 때면 통역을 담당하고, 평소에는 운서 연구를 합니다. 교수를 겸하고 있습니다.

어떤 연구를 하시는지 알려 주세요.
최세진 한자 음의 연구를 통해 우리 한자 음을 정리하고, 한글 널리 알리기에도 힘쓰고 있습니다.

40여 년 동안에 17권의 책을 냈는데, 구체적으로 어떤 것들인지요?

최세진 《사성통해》와 《훈몽자회》를 지었고 《친영의주》《책빈의주》《효경》《여훈》《노걸대》《박통사》 등을 번역하였습니다.

모두 제목이 어렵군요.
최세진 네. 제목이 한자어로 되어 있어서 어렵게 느껴질 겁니다.

특별한 번역 방법이 있어 사역원에서 모두 따라 한다던데 그 방법을 소개해 주세요.
최세진 한글이 소리글자이니 한

글로 발음을 표기하고 그 뜻을 번역하는 것입니다.

문서의 작성과 사신의 방문에 중요한 역할을 맡으시고 나라를 위해 많은 공헌을 하셨습니다. 그런데도 천한 가문 출신이어서 대우를 제대로 받지 못한다는 소문이 있는데 사실입니까?

최세진 조선이 뚜렷한 신분 사회이니 어쩔 수 없지요. 하지만 뜻을 굽히지 않고 열심히 노력하면 후세 사람들이 알아 주리라 믿습니다.

한글, 자음과 모음의 이름과 순서

가나다라의 순서는 어떻게 정했을까?

훈민정음이 만들어진 지 70여 년 뒤, 최세진은 《훈몽자회》에서 자음과 모음의 순서를 새롭게 매겼다. 그가 혼자 매긴 것이 아니라 사람들 사이에 널리 사용되던 순서를 잘 정리한 것이다.

자음은 열여섯 자인데, 첫소리와 끝소리에 모두 쓰이는 여덟 자를 앞에, 첫소리로만 쓰는 여덟 자를 뒤에 늘어 놓았다.

또 두 무리 속에서 순서는 어금니, 혀, 입술, 이, 목구멍 소리 순

으로 되어 있다.

ㄱㄴㄷㄹㅁㅂㅅㅇ/ㅋㅌㅍㅊㅿㅇㅎ(16자)이 《훈몽자회》에 정리되어 있는 자음의 순서다.

모음은 소리 낼 때 입이 벌어지는 정도가 비슷한 것끼리 밝은 소리를 내는 모음과 어두운 소리를 내는 모음의 순서로 발음하기 좋게 늘어 놓았다.

ㅏㅑㅓㅕㅗㅛㅜㅠㅡㅣ·(11자)가 《훈몽자회》에 정리되어 있는 모음의 순서다.

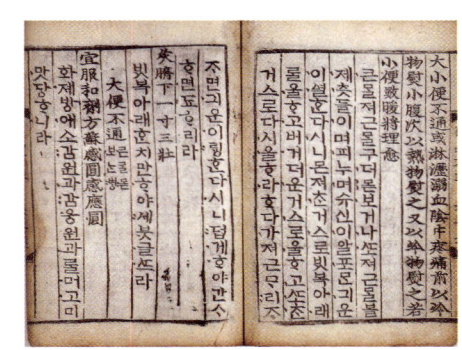
《구급간이방》

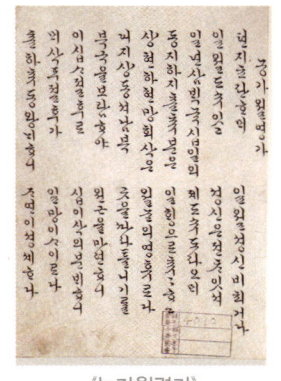
《농가월령가》

실생활에 필요한 책 나와
백성들의 일상 생활에 도움을 주는 책들이 나왔다. 《구급간이방》은 급한 경우에 쓸 수 있도록 쉽고 간단하게 지은 한약처방이다. 《농가월령가》는 1년 열두 달 동안 농가에서 할 일을 읊은 것으로, '월령(月令)'이란 '그 달 그 달의 할 일을 적은 행사표'라는 뜻이다.

★운서 한자의 음을 나누어 일정한 순서로 늘어 놓은 책을 일컫는 말.
★사역원 고려·조선 시대의 번역·통역 및 외국어 교육 기관.

기역, 니은, 디귿, 아, 야, 어의 이름은 어떻게 붙였을까?

《훈민정음》에는 한글 자음과 모음의 이름이 없었다. 이와 달리 최세진의 《훈몽자회》에는 한글 낱자 27자의 이름이 나온다.

먼저 자음은, 첫소리와 끝소리에 두루 쓰는 여덟 자에는 두 자로 된 이름을, 첫소리에만 쓰는 여덟 자에는 한 자로 된 이름을 붙였다.

'기역·니은·디귿·리을·미음·비읍·시옷·이응·키·티·피·지·치·ㅿ·ㅇ·히'처럼 첫소리와 끝소리에 모두 쓰이는 여덟 글자에는 원칙적으로 'ㅣ ㅡ'에 그 글자가 붙는 형식의 한자 음을 취하였다.

이와 다르게 쓰인 '윽, 은, 읏'에 해당하는 한자 음에는 동그라미 표시를 했다. 이것은 꼭 맞는 한자가 없어서 가까운 음이나 뜻을 지닌 한자를 썼다는 표시다.

사라진 우리말

난데 고향도 아니고, 일정한 기간 머무른 적도 없는 낯선 고장
아람 탐스러운 가을 햇살을 받아서 저절로 충분히 익어 벌어진 과실
열끼 눈동자에 드러난 정신의 당찬 기운
조롱목 조롱박 모양으로 생긴 물건의 잘록한 부분
찬들 곡식이 가득 찬 풍성한 들판
푸르내 푸른 물이 가득 흐르는 맑은 시내
한가람 몹시 넓고 물이 풍족하게 흐르는 강
해찬나래 햇빛이 차서 더욱 높이 날 수 있는 날개
햇귀 해돋이 때 처음으로 비치는 햇빛

집현전의 새로운 탄생, 홍문관

문학 작품을 한글로 번역해

세조는 자신이 왕이 되는 것을 반대하던 신하들이 많이 있는 집현전을 없애 버렸다.

하지만 학자들이 한글을 연구하는 기관이 필요했기에 홍문관이라는 이름으로 다시 세우게 되었다.

홍문관은 집현전과 마찬가지로 유교의 가르침을 담은 경서나 역사책의 관리, 문장의 대필 및 왕의 자문을 맡았다. 또한 많은 책을 읽고 새로운 책을 편찬하거나 번역하는 일도 했다.

홍문관의 직책은 영의정, 좌의정, 우의정을 비롯해 경연청과 춘추관의 관원들이 함께 하였다.

나라의 옳고 그름을 많이 따졌기에 사헌부, 사간원과 더불어 삼사라 불렀다.

이전 기관들과 다른 점은 집현전과 언문청이 한자의 운을 나눈 책 운서를 번역하고, 간경도감에서 불교 경전을 번역한 데 비해 홍문관에서는 주로 문학 작품을 번역하였다.

대표적인 예로 홍문관 부제학을 지낸 유윤겸은 1481년 조위와 함께 《분류두공부시언해》 25권을 완성했고, 1483년 서거정·노사신과 함께 《연주시격》과 《황산곡시집》을 한글로 번역했다.

바뀌어 가는 한글, 어떻게 봐야 하나?

흐름에 맡기자!

어떤 나라도 자기 혼자 살 수는 없다. 이웃 나라와 오가면서 사회·문화적으로 많은 영향을 주고 받는다. 말과 글도 마찬가지다.

따라서 이웃 나라, 특히 자주 오가는 중국의 한자어를 비롯해 일본어, 범어, 몽골어, 여진어가 우리말이나 글과 함께 쓰이는 것은 자연스럽게 받아들여야 한다.

예를 들어 붓(筆 필), 먹(墨 묵), 배추(白菜 백채) 등은 중국에서 들어 온 물건을 이르는 말인데 이를 모두 새로 만들어 쓰려면 오히려 혼란이 더 많이 생길 것이다. 또 같은 이유로 범어에서 온 부처(부텨), 가라말(검다+말)도 그대로 받아들여 사용하는 것이 편리할 터이다.

이처럼 말과 글의 사용도 시대와 시간의 흐름에 맞춰 바뀌어야 한다.

그대로 지키자!

말 속에는 그 말을 사용하는 사람들의 생각과 역사가 담겨 있게 마련이다. 그래서 오랫동안 써 온 우리말 속에는 우리 민족의 생각이 담겨 있다.

마찬가지로 다른 나라에서 들어 온 말에는 말뿐 아니라 그 나라의 정신이 담겨 있다.

게다가 조선에는 중국을 더 크고 발전한 나라로 생각하는 사람이 많다. 그래서 우리 고유의 말보다는 중국의 말을 더 가치 있는 것으로 여기기도 한다. 이렇게 되면 말을 잃는 것뿐만 아니라 정신도 지배를 받는 셈이다.

'온, 그룸, 미르, 노곳' 같이 아름다운 우리말들이 '백, 강, 용, 안색' 같은 한자어로 바뀌었다. 더 이상 아름다운 우리말이 사라지지 않도록 지켜야 한다.

한글도 변했어요
모양, 글자 수, 음의 높낮이가 모두 바뀌어

글은 수많은 사람이 쓰고 오랜 시간이 지나면서 조금씩조금씩 달라지게 마련이다. 15세기에 발달한 언어학을 바탕으로 만들어진 한글도 마찬가지다. 모양이 바뀌거나 사라진 글자도 있고, 잠시 생겨났다 사라지는 글자도 있다.

먼저 모양이 바뀐 것으로는 모음의 ·(아래 아)를 들 수 있다. 처음 만들었을 때는 둥근 점이었지만 시간이 지남에 따라 짧은 획(·)으로 모양이 바뀌었기 때문에 이를 이용해 만든 글자의 모양도 마찬가지로 달라졌다.

자음 중에서는 ㅿ이 ㅅ으로 바뀌었다.

글자 수도 바뀌었다. 처음 발표될 때 한글의 글자 수는 자음 17자와 모음 11자로 모두 스물여덟 자였다.

그런데 《훈몽자회》에서는 자음이 16자로 한 자가 줄어 모두 스물일곱 자가 된다. 이 때 사라진 글자는 ㆆ(여린 히읗)이다.

이후로 자음에서 'ㅿ(반치음)', 'ㆁ(옛이응)', 모음에서 '·(아래 아)'가 사라져 지금은 스물넉 자가 되었다.

그 외에 중국어의 발음을 적기 위해 생겨난 글자들로는 'ㅸ, ㅅ, ㅈ, ㅊ'와 'ㅅ, ㅈ, ㅊ' 등이 있었지만 오래 쓰이지 않았다.

성조는 단어의 뜻을 구별해 주는 소리의 높낮이를 말한다. 글자마다 글자의 왼쪽에 점을 찍어 성조를 표시했는데, 이것을 방점이라 부른다. 낮은 소리인 평성에는 점을 찍지 않았고, 높은 소리인 거성에는 한 점, 낮았다가 높아지는 소리인 상성에는 두 점을 찍었다.

예를 들면, '곶(꽃)'은 평성, '·플(풀)'은 거성, ':별'은 상성이었다. 15세기까지만 하더라도 계속 표시하던 방점은 16세기 중엽 이후 흔들리기 시작하다가 16세기 말에 이르러서는 사용하지 않게 되었다.

성조를 쓰지 않게 됨에 따라 평성과 거성은 짧은 소리로, 상성은 긴 소리로 변화하였다. 하지만 지금도 함경도나 경상도 방언 속에는 성조가 남아 있다.

열린 생각 열린 말　한글 그 후, 100년을 말하다

높임말이나 문장을 끝내는 방법이 다양해져 풍부한 언어 생활 가능

한글이 만들어진 후 100년 동안 우리말글에는 어떤 변화가 있었을까?
다음은 각 분야에서 일하는 사람들과 함께 한글이 우리말글에 미친 영향에 대해 이야기한 대담을 정리한 것이다.

토론 참가자 소개

훈장 서당에서 아이들을 가르치는 선생님

홍문관 관리 책을 편찬하는 사람

통역관 최씨 외국 사신이 왔을 때 통역을 맡아 하는 사람

한글 학자 서씨 한글을 연구하는 학자

상인 박씨 장사하는 사람

한글 학자 서씨 한글이 만들어진 조선 초기를 중세 국어 후기라고 합니다. 이 시기 우리말글의 특징에 대해 말씀해 주십시오.

다양하고 실용적인 높임말

훈장 높임법이 발달했습니다. 높임법을 자세히 살펴보면 자음 앞에서는 '-시-(가시고)', 모음 앞에서는 '-샤(가샴)'를 쓰고, '이'와 '어셔, 쇼셔, 사이다(ᄒᆞᄂᆞ이다, 가사이다)' 등을 썼습니다.

상인 박씨 '밥'의 높임말로 '진지, 뫼' 등을 썼습니다. '이'의 높임말은 '분', '너'의 높임말은 '그듸', '저'의 높임말은 'ᄌᆞ갸'를 썼지요.

홍문관 관리 'ᄢᅢ(때), ᄢᅢ □(틈), ᄡᆞᆯ(쌀)'과 같이 중자음을 사용하기도 했으나, 이는 본래 중자음이 아니고, 단어 가운데 있던 모음이 없어져 생겨난 일시적 현상입니다. 그래서 된소리(ᄈᆞ, ㄲ, ㅉ, ㄸ)를 뺀 중자음은 첫소리에 사용하지 않도록 하였습니다.

훈장 '러울, 라귀, 락시' 등처럼 'ㄹ' 소리도 첫소리에 사용하였지만 수는 많지 않습니다. 모두 'ㄴ' 음으로 바꾸어 발음하게 되어 그렇게 가르치고 있습니다.

여러 문장형이 등장해

통역관 최씨 문장을 끝내는 법은 평서문, 의문문, 명령문, 청유문과 감탄문이 있습니다.

평서문은 '-다', '-니라'로 끝납니다. '하니라(하다), 잇ᄂᆞ이다(있다)'가 그 예입니다.

감탄문은 '-ㅇ샤(하구나!)', '-몯ᄒᆞᄂᆞ녀(못하느냐!)', 의문문에는 '-ㄴ다', '-고'를 사용하여 'ᄒᆞᄂᆞ다(하니?)', '가리잇고(갑니까?)'처럼 씁니다.

명령문은 '-라, 쇼셔'를 사용하며 '아라쇼셔(아십시오)', '보ᅀᆞᆸ라(보아라)'처럼 씁니다.

청유문은 '-져, -사이다'를 사용하며 'ᄒᆞ져(하자)', '나사이다(나갑시다)'처럼 씁니다.

상인 박씨 부정문은 아주 긴 부정문이 발달하였습니다. '아니', '몯', '말다'로 끝나는 부정문이 있습니다.

그래서 손님이 말을 하면 물건을 사겠다는 뜻인지 안 사겠다는 뜻인지 끝까지 들어 봐야 알 수 있답니다.

한글 학자 서씨 네, 이 때 우리말에는 이런 특징이 있었군요. 지금까지 참석해 주신 여러분께 감사드리며 대담을 마칩니다.

🔍 **기자의 눈**

귀중한 우리말을 지켜야 한다!

한글이 만들어지기 전까지 우리는 우리말 어머니와 아버지는 父母(부모), 하늘은 天(천), 땅은 地(지)라고 어쩔 수 없이 한자로 적어 왔다.

그런데 너무나 오랜 세월을 이렇게 살다 보니 우리말보다 종이에 적힌 한자어가 더 큰 힘을 지니게 되었다. 아버지는 부친이 되고, 귤 껍질은 진피가 되어 버렸다. 백(百)이 온을 대신하고 천(千)이 즈믄의 자리를 차지했다.

한자로 글자를 적을 수 있는 사람이 양반 같은 상류층이다 보니 이들이 쓰는 한자어를 더 고급스러운 것으로 여기게 되었다. 예를 들어 흔히 마시는 물은 한자 말 냉수요, 발 씻는 물은 우리말 찬물로 쓴다. 또 꽃에서 나는 것은 한자 말 향

기요, 배설물에서 나는 것은 우리말 냄새라고 한다. 이보다 더 심한 경우는 아예 우리말이 사라져 버리는 일이다.

외국에 자주 오가면서 순우리말만 고집할 수 없는 형편이 되었지만 한자어가 순우리말의 자리를 밀어 내는 일은 막아야 한다. 말하기 좋고 듣기 좋은 우리말을 지키고 소중히 가꾸어야 할 책임은 바로 우리에게 있다.

□ **들여다보기**

'ㅁ(미음)'이란 글자는 소리를 낼 때 아래 위의 두 입술이 붙기 때문에 입의 모양을 본뜨고 모나게 다듬은 것이다. 'ㅁ'은 아주 부드러운 소리이다.

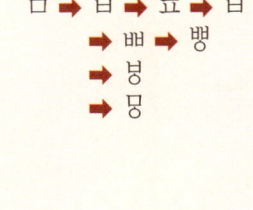

ㅁ → ㅂ → ㅍ → ㅂ
　　　　 → ㅃ → ㅃㅇ
　　　　 → ㅸ
　　　　 → ㅱ

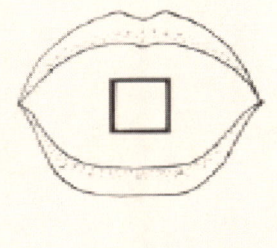

이제 책도 골라 읽는 재미가 있다!

훈민정음을 만든 뒤 한문으로만 전해 오던 많은 책을 활발하게 우리 글로 번역하기 시작했다.

집현전과 언문청에서는 주로 한자의 운을 나누어 정리한 운서를 번역하였다.

간경도감에서는 불교 경전을 번역하고, 홍문관에서는 문학 서적을 번역하였다.

이처럼 각 분야별로 책을 고루 번역하여 원하는 대로 골라 읽을 수 있게 되었다.

또 한문을 잘하는 일부 사람만 즐기던 한문학을 많은 사람이 함께 공부하고 즐길 수 있게 되었다.

이제 책도 자신이 읽고 싶은 이유에 따라 골라 읽을 수 있게 되었다. 여기 몇 가지 책을 소개해 본다.

교양을 쌓고 싶은 여성은 성종 6년에 인수대비가 엮은 《내훈》을 읽으면 된다.

그리고 기초적인 공부를 하고 싶다면 중종 때 펴낸 《번역소학》을 읽는 것이 좋다.

또 좀 더 깊이 공부하려면 중종 때 유숭조가 번역한 《칠서》 즉 〈논어〉, 〈대학〉, 〈중용〉, 〈맹자〉, 〈시경〉, 〈서경〉, 〈주역〉을 읽으면 된다.

문학에 관심이 있는 사람이라면 성종 때 번역한 《두보》나 《황정견》의 시를 번역한 책이 좋다.

다양한 책을 골고루 읽어 학문과 지식을 넓히고, 이를 바탕으로 한글 문학이 꽃 피길 기대한다.

이럴 땐 이걸 배워요!

"조선 한글 서당에서 알립니다"

한문에 자신이 있고
언어학에 관심이 있다면
〈훈민정음 해례본〉의 해례

한문에는 자신이 있지만
복잡한 언어학 설명에는 관심이 없다면
〈훈민정음 해례본〉의 예의

한글은 이미 알고 있지만
깊이 있게 더 알고 싶다면
〈훈민정음 언해본〉의 해례

한글을 읽을 줄은 알지만
조금 더 체계적으로 알고 싶다면
〈훈민정음 언해본〉의 예의

한글도 한자도 모른다,
아주 쉽고 간단하게 한글을 배우고 싶다면
반절표

한문은 알지만 한글을 배워
다른 사람도 가르치고 싶다면
〈훈몽자회〉의 언문자모

내 생각은 이래요

자음 이름이 이상해요

저는 반절표로 한글을 배웠어요.

'기역, 니은, 디귿…'을 배우고, '아, 야, 어, 여…'를 배웠지요.

처음엔 무심코 따라했지만 자꾸 하면서 마음에 들지 않는 게 있어요. 모음은 괜찮은데, 자음 이름이 좀 이상해요.

'기윽, 니은, 디은, 리을, 미음, 비읍, 시읏…'이라고 하면 좋을 텐데 왜 중간 중간 '기역, 디귿, 시옷' 같은 규칙에 맞지 않는 이름이 있을까요?

엄마한테 여쭤 보니까 최세진 님이 '언문자모'에서 한글을 소개할 때 글자 이름을 한자로 적었대요. 그 때 한자에는 '윽'자가 없어서 발음이 비슷한 '役(역)'을 썼대요. '婦' 자랑 '읏' 자도 마찬가지였대요.

지금이라도 이름을 바꾸는 게 좋다고 생각해요. 왜냐하면 한글은 소리를 기호로 만든 정말 과학적인 소리글자니까 규칙적인 이름이 걸맞지요. 게다가 앞으로 태어날 우리 후손들도 저처럼 이상하다고 생각하지 않을까요?

여러분의 생각은 어때요?

놀며 배우며

- 한글 자음과 모음에 이름을 붙인 사람은 누구일까요?
- 집현전은 무엇으로 바뀌었나요?
- 고려 가요를 모은 세 가지 책은?

네 칸 만화

자음과 모음의 이름

다아라 박사 한글 자음과 모음의 이름을 붙이고,
그 순서도 정해지면서 많은 책이 한글로 다시 쓰였어요.
이에 대한 〈ㅁ 신문〉 기사를 읽어 보았지요?
그래도 알고 싶은 내용이 많다고요?
손 들고 질문하면 차례대로 설명해 줄게요.

 아이들 저요, 저요!
하나, 《훈몽자회》란 책이 왜 중요한지 알려 주세요.
둘, 한글 자음과 모음의 이름과 순서가 어떻게 되었다는 거예요?
셋, 세종대왕님은 자음과 모음을 어떻게 불렀나요?
넷, 조선 초기의 한글 교과서를 알고 싶어요.
다섯, 반절표가 뭐예요?
여섯, 훈민정음이 나온 후 없어진 글자가 있나요?

다아라 박사 자자, 한꺼번에 말하지 말고! 나를 잘 따라 오세요.

☆ 또바기는 이것이 궁금해요 ☆
한글 자음과 모음에 대해 알아 보고,
처음 한글이 어떻게 달라졌는지 하나하나 알고 싶어요.

훈몽자회는 한글로 만든 한자 학습책?

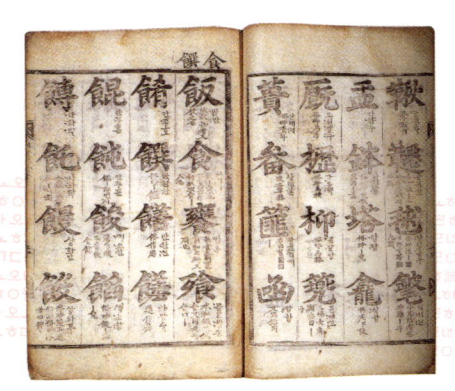

《훈몽자회》

《훈몽자회》는 최세진이 1527년(중종 22년)에 아이들의 한자 학습을 위해 만든 책이야. 그 전에는 한자 학습책이 없었냐고? 아니, 있었어.

우리가 많이 들어 본 《천자문》과 이름이 낯선 《유합》이란 책이 바로 한자 학습책이지.

그런데 왜 최세진은 새로 한자 학습책을 만들었을까?

그리고 한글 이야기를 하면서 갑자기 한자 학습책 이야기를 꺼내는 이유는 뭘까? 귀 기울여 잠깐만 들어 봐!

한자 학습책 《훈몽자회》를 새로 만든 이유

첫째, 한자를 처음 배울 때 보는 《천자문》은 중국 양나라 주흥사가 쓴 책이에요. 지금도 마찬가지지만 그 때도 아이들이 한자를 배울 때 어려워 했어요. 게다가 천자문에는 중국의 오랜 역사까지 들어 있어 이해하기가 더욱 힘들었어요. 그래서 새로운 한자 학습책을 만들게 된 거예요.

둘째, 《천자문》 공부가 끝나면 보는 한자 학습책이 《유합》이에요. 책을 쓴 사람이 누구인지 확실하지는 않지만 우리 조선에서 만든 책이에요.

하지만 이 책에는 생활에 필요한 한자가 많이 빠져 있었어요. 그래서 최세진이 한자를 쉽게 배울 수 있는 새로운 책 《훈몽자회》를 펴냈어요.

소리 聲

소리 音

《훈몽자회》 이야기를 꺼내는 이유

첫째, 옛 글자 연구와 훈민정음의 변화를 알 수 있는 귀중한 역사 자료이기 때문이에요.

- 생활에서 자주 쓰는 한자를 모아 만들었어요.
- 한자를 의미에 따라 한 글자나 두 글자를 모아 만들었어요.

다음 예는 《훈몽자회》 전 권을 통틀어 뜻이 '집'인 한자예요.

宇 집 우	宙 집 듀	宮 집 궁	闕 집 궐	宸 집 신
殿 집 뎐	屋 집 옥	宅 집 택	家 집 가	房 집 방
廳 집 텽	解 집 히	廬 집 려	숨 집 샤	室 집 실
堂 집 당	閣 집 각	廡 집 무	厦 집 하	庤 집 지
院 집 원	廂 집 상	邸 집 데	官 집 관	觀 집 관

이 책이 만들어지기 전에는 아이들이 글을 배우려면 사물을 뜻하는 글자를 먼저 외운 뒤 실제의 사물과 이름을 맞춰 보아야 했어요.

그래서 《훈몽자회》는 한자마다 우리말로 뜻을 달았어요. 이 책이 귀중한 역사 자료가 되는 이유가 여기에 있지요.

둘째, 한글 자음과 모음의 이름이 처음 나오는 책이기 때문이에요.

오늘날 우리가 사용하고 있는 한글 자음과 모음의 이름은 바로 《훈몽자회》에 나와 있는 그대로예요.

셋째, 《훈몽자회》는 처음으로 한글을 목록별·주제별로 나누었기 때문이에요. 낱말을 목록이나 주제에 따라 모아 놓은 거지요.

《훈몽자회》의 구성과 내용

《훈몽자회》 서문	《훈몽자회》의 기본 방향과 목적		
범례	《훈몽자회》를 이용하는 사람들이 알아 둬야 할 사항		
	언문자모	한글 자음과 모음의 순서	
		한글 자음과 모음의 이름	
		자음과 모음을 합쳐 글자를 만드는 법	

자음과 모음에 이름표를 붙이자!

〈ㄱ 신문〉에서 세종대왕님이 만든 자음과 모음 28자를 보았지?

보긴 했지만 어떻게 읽는지 몰라 읽을 수 없었다고?

사실, 훈민정음을 만든 때에 자음과 모음을 어떻게 읽었는지는 분명하지 않아. 자음과 모음의 이름을 기록한 책이 없었기 때문이지. 그런데 최세진이 《훈몽자회》에 자음과 모음의 이름을 한자로 적어 놓았어. 어떻게 읽었는지 한번 들여다볼까?

최세진 따라 자음 이름 짓기

● 첫소리와 끝소리에 두루 쓰이는 여덟 글자(ㄱ·ㄴ·ㄷ·ㄹ·ㅁ·ㅂ·ㅅ·ㅇ) 이름 짓기

① 이름 지을 틀을 만들어요.

> • 첫 글자의 첫소리, 둘째 글자의 끝소리에 자음을 넣어 이름을 지어요.
> • 해 보기 'ㄴ'을 □에 넣으면 '니은'이라는 이름이 만들어져요.

이름을 같은 발음이 나는 한자로 적어 읽어요. 그 때는 아직 한글보다는 한자 읽기가 쉬웠기 때문이에요.

② 그런데 ①번처럼 'ㄱ, ㄷ, ㅅ'의 이름을 붙이면 한자에 '윽, 은, 읏'이란 글자가 없어 한자로 이름을 적을 수 없어요. 그럴 때는 이렇게 해요.

해 보기 1 발음이 비슷한 한자를 찾아 대신 사용해요.

ㄱ 이름에 '윽'과 발음이 비슷한 한자 '역(役, 부릴 역)'을 사용해요.

해 보기 2 뜻이 발음과 비슷한 한자를 찾아 대신 사용해요.

ㄷ 이름에 '읃' 대신 뜻을 나타내는 '귿(末, 끝 말)'을 사용해요.

ㅅ 이름에 '읏' 대신 뜻을 나타내는 '옷(衣, 옷 의)'을 사용해요.

③ 이제 이름을 붙여 읽어 보아요.

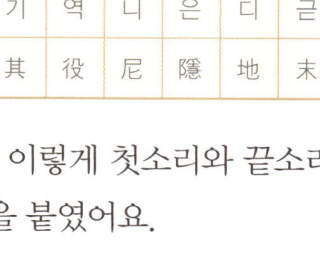

ㄱ	ㄴ	ㄷ	ㄹ	ㅁ	ㅂ	ㅅ	ㅇ
기역	니은	디귿	리을	미음	비읍	시옷	이응
其 役	尼 隱	地 末	梨 乙	眉 音	非 邑	時 衣	異 凝

이렇게 첫소리와 끝소리에 둘 다 쓰이는 자음은 두 글자로 된 이름을 붙였어요.

● 첫소리에만 쓰이는 자음 여덟 글자(ㅋ·ㅌ·ㅍ·ㅈ·ㅊ·ㅿ·ㆁ·ㅎ) 이름 짓기

① 이름 지을 틀을 만들어요.

- 첫 글자의 첫소리에 자음을 넣어 이름을 지어요.
- 해 보기 'ㅈ'을 □에 넣으면 '지'라는 이름이 만들어져요.

같은 발음이 나는 한자를 적어 읽어요.

② 이름을 붙여 읽어 보아요.

ㅋ	ㅌ	ㅍ	ㅈ	ㅊ	ㅿ	ㆁ	ㅎ
키	티	피	지	치	시	이	히
箕	治	皮	之	齒	而	伊	屎

이렇게 첫소리에만 쓰이는 자음 키·티·피·지·치·싀·이·히에는 한 글자로 된 이름을 붙였어요.

최세진 따라 모음 이름 짓기

● 가운뎃소리에만 쓰이는 모음 11글자(ㅏ·ㅑ·ㅓ·ㅕ·ㅗ·ㅛ·ㅜ·ㅠ·ㅡ·ㅣ·ㆍ) 이름 짓기

① 이름 지을 틀을 만들어요.

- ㅇ의 오른쪽이나 아래쪽에 가운뎃소리로 모음을 넣어 이름을 지어요.
- 해 보기 'ㅏ'를 □에 넣으면 '아'라는 이름이, 'ㅗ'를 □에 넣으면 '오'라는 이름이 만들어져요.

같은 발음이 나는 한자를 적어 읽어요.

② 이름을 붙여 읽어 보아요.

ㅏ	ㅑ	ㅓ	ㅕ	ㅗ	ㅛ	ㅜ	ㅠ
아	야	어	여	오	요	우	유
阿	也	於	余	五	要	牛	由

③ 같은 발음이 나는 한자음이 없을 때는 이렇게 해요.

ㅡ 는 (應, 응)에서 끝소리 ㅇ을 빼고 이름을 붙여요.

ㅣ 은 이(伊, 이)에서 가운뎃소리만 골라 이름을 붙여요.

ㆍ 는 ㅅ(思, 사)에서 첫소리를 빼고 이름을 붙여요.

한자에는 소리를 그대로 적을 글자가 부족하기 때문에 여러 방법으로 자음과 모음의 이름을 붙였어요.

자음과 모음의 옛 이름을 찾아라!

 세종대왕이 처음 한글을 만들었을 때 자음과 모음을 어떻게 읽었는지 추리해 보자.

세종대왕은 한글을 '훈민정음' 이라 불렀어.

그럼, 한글 낱글자의 이름은 각각 뭐였을까?

뒤적 뒤적

이름이 안 나오는데요?

그렇지? 너희가 한번 알아 보렴.

ㄱ 는 엄쏘리
ㄷ 는 혀쏘리
ㅂ 는 입시울쏘리……

돌이야, 내가 두 문장을 말할 테니 어디가 다른지 찾아 볼래?

돌이는 책을 읽는다. 꽃님은 책을 읽는다.

'돌이는', '꽃님은' 이 다르네.

맞아. 네 이름에는 '는' 내 이름에는 '은' 을 붙여 부르지.

그거야…….

내 이름 끝에는 받침이 없고 네 이름 끝에는 받침이 있어서잖아.

딩동댕!! 바로 그거야.

받침

'ㄱ는' 에서 '은' 이 아니라 '는' 을 붙인 걸 보면 자음의 이름은 받침 없이 모음으로 끝났다는 걸 알 수 있지.

와~

그런데 왜 '는' 이라고 안 하고 '눈' 이라고 했을까?

음......

잘 생각해 봐.

여기를 읽어 봐.

스윽

• 눈……,
ㅣ 눈……,
ㅏ 눈……,
ㅡ 는……,
ㅓ 는…….

'• ㅣ ㅏ ㅛ ㅑ' 다음에는 '눈', 'ㅡ ㅜ ㅓ ㅠ ㅕ' 다음에는 '는' 을 붙였어.

그렇다면 자음 이름에는 '눈' 이 쓰였으니 '• ㅣ ㅏ ㅛ ㅑ' 중 하나를 붙였다는 말씀!!

둘 다 훌륭해.!

헤헤헤~

그래서 'ㄱ ㄴ ㄷ…' 이 태어났을 때 이름이 '기 니 디…' 였을 것으로 짐작할 수 있지.

그럼 다 같이 읽어 보자.

기니디리

모음은 소리 값이 있어 그대로 읽으면 이름이 되는 거야.

• ㅏ ㅑ ㅓ ㅕ
ㅗ ㅛ ㅡ ㅣ

자음은 모음과 어울려야 발음할 수 있어. 훈민정음 해례본에 'ㄱ 는 엄쏘리…' 라고 쓰인 걸 보면 자음의 이름은 받침 없이 모음으로 끝난 것을 알 수 있지.

또 모음 '• ㅣ ㅏ ㅛ ㅑ' 가운데 하나로 끝났다는 것도 알 수 있어. 훈민정음 해례본을 보면 '눈' 앞에는 모두 'ㅣ' 모음이 쓰여 있는 걸 알 수 있으니까. 따라서 자음의 이름은 '기 니 디…' 였을 것으로 추리할 수 있는 거지!

45

자음과 모음, 이렇게 줄 서 봐!

또바기 다들 국어 사전 하나씩은 가지고 있지?

사전에 실린 낱말들이 어떤 순서로 나오는지 알아?

잘 아는 친구도 있겠지만 난 정확히는 모르겠어.

하지만 세종대왕이 처음 한글을 만들어 소개한 자음과 모음의 순서와

《훈몽자회》에 소개된 자음과 모음의 순서가 다르다는 건 알아.

자음과 모음의 순서가 어떻게 다른지 알아 볼까?

국어 사전에 나와 있는 자음과 모음의 순서

자음	ㄱ ㄲ ㄴ ㄷ ㄸ ㄹ ㅁ ㅂ ㅃ ㅅ ㅆ ㅇ ㅈ ㅉ ㅊ ㅋ ㅌ ㅍ ㅎ
모음	ㅏ ㅐ ㅑ ㅒ ㅓ ㅔ ㅕ ㅖ ㅗ ㅘ ㅙ ㅚ ㅛ ㅜ ㅝ ㅞ ㅟ ㅠ ㅡ ㅢ ㅣ

다아라박사 보통 이 순서를 '가나다 순'이라고 불러요.

학교에서 쓰는 출석부의 이름을 가나다 순으로 만들어 익숙하지요?

기본 자음과 모음, 복합 자음과 모음도 알아 볼까요?

기본 자음	ㄱ ㄴ ㄷ ㄹ ㅁ ㅂ ㅅ ㅇ ㅈ ㅊ ㅋ ㅌ ㅍ ㅎ
복합 자음	ㄲ ㄸ ㅃ ㅆ ㅉ
기본 모음	ㅏ ㅑ ㅓ ㅕ ㅗ ㅛ ㅜ ㅠ ㅡ ㅣ
복합 모음	ㅐ ㅒ ㅔ ㅖ ㅘ ㅙ ㅚ ㅝ ㅞ ㅟ ㅢ

기본 자음과 모음이 24자(자음 14자, 모음 10자), 복합 자음과 모음이 16
자(자음 5자, 모음 11자)예요.

둘 이상의 자음 아울러 쓰기

- 같은 글자 겹쳐 쓰기(각자 병서)

  ㄲ ㄸ ㅃ ㅉ ㅆ ㆅ

- 다른 글자 겹쳐 쓰기(합용 병서)

  ㅅㄱ ㅅㄷ ㅅㅂ ㅴ ㅵ ㅶ ㅷ ㅺ ㅼ ㅽ

- 위아래로 나란히 붙여 쓰기(연서)

  ㅸ ㅹ ㆄ ㅱ

지금은 없어진 자음과 모음의 이름

ㆁ → 옛 이응   ㆆ → 여린 히읗

ㅿ → 반치음   ㅸ → 순경음 비읍

· → 아래 아

세종대왕이 만든 한글을 설명한 책《훈민정음》에 나타난 자음과 모음의 순서

자음	ㄱㅋㆁㄷㅌㄴㅂㅍㅁㅈㅊㅅㄴㅎㅇㄹㅿㄲㄸㅃㅉㅆㆅㅅㄱㅅㄷㅅㅂㅴㅵㅶ ㅷ ㅺ ㅼ ㅽ ㅸ ㅹ ㆄ ㅱ
모음	· ㅡ ㅣ ㅗ ㅏ ㅜ ㅓ ㅛ ㅑ ㅠ ㅕ ㅣ ㆎ ㅚ ㅐ ㅟ ㅔ ㅢ ㅖ ㅘ ㅝ ㅙ ㅞ ㆋ ㆌ

- 자음은 소리가 나는 위치에 따라 배열하고, 그 뒤에 같은 글자를 겹쳐 쓴 자음과 다른 글자를 겹쳐 쓴 자음, 위아래로 나란히 붙여 쓴 자음 순으로 배열하고 있어요.
- 모음은 · ㅡ ㅣ 를 기본으로 합친 수에 따라 배열하였는데, 밝은 소리 (양성 모음)를 앞에 어두운 소리(음성 모음)를 뒤에 두었어요.

최세진의《훈몽자회》에 나타난 자음과 모음의 순서

자음	ㄱㄴㄷㄹㅁㅂㅅㅇㅋㅌㅍㅈㅊㅿㆁㅎ
모음	ㅏ ㅑ ㅓ ㅕ ㅗ ㅛ ㅜ ㅠ ㅡ ㅣ ·

- 자음은 먼저 첫소리와 끝소리에 둘 다 쓰이는 것을 앞에 두고, 첫소리 로만 쓰이는 것을 뒤에 놓았어요.
- 모음은 밝은 소리를 앞에 두고, 어두운 소리를 뒤에 두었어요. 또 두 모음이 합쳐진 글자를 앞에 두고, 세 모음이 합쳐진 글자를 뒤에 놓았 어요.

또바기 생각

그 동안 국어 사전에 나오는 낱말들의 순서, 학교에서 번호를 정할 때 쓰는 가나다 순이 어떻게 정해진 것인지 생각하지 않고 당연하게만 받아 들였다.

세종대왕이 한글을 처음 만들어 소개한 순서에는 발음이 나오는 차례대 로 배열하고, 최세진의《훈몽자회》에 소개된 순서에는 받침으로 쓰이는 자음과 쓰이지 않는 자음을 구분하여 배열하는 법칙이 숨어 있다는 것을 알게 되었다.

앞으로《훈몽자회》에 소개된 차례와 국어 사전의 차례가 왜 바뀌었는지 더 알아 보아야 겠다.

한글 공부, 어떻게 했을까?

한글은 내 친구

한글을 처음 배울 때 가로에는 자음을, 세로에는 모음을 써 놓은 표를 벽에 크게 붙여 놓고, 자음의 'ㄱ'과 모음의 'ㅏ'가 만나면 '가' 하는 방법으로 읽으며 한글을 익혔지? 그리고 학교에 들어가서 교과서로 공부하지. 한글을 만든 초기에는 어떤 방법으로 한글을 공부했을까? 궁금하지? 자, 조선 초기로 가 보자.

여기는 조선 시대 아이 방이야. 이 때 한글 공부 교과서는 《월인석보》에 실린 '훈민정음 언해' 였구나.

【반절표】

모음＼자음	ㄱ	ㄴ	ㄷ	ㄹ	ㅁ	ㅂ	ㅅ	ㅇ	ㅋ	ㅌ	ㅍ	ㅈ	ㅊ	ㅿ	ㆁ	ㅎ
ㅏ	가	나	다	라	마	바	사	아	카	타	파	자	차	ᅀᅡ	ᅌᅡ	하
ㅑ	갸	냐	댜	랴	먀	뱌	샤	야	캬	탸	퍄	쟈	챠	ᅀᅣ	ᅌᅣ	햐
ㅓ	거	너	더	러	머	버	서	어	커	터	퍼	저	처	ᅀᅥ	ᅌᅥ	허
ㅕ	겨	녀	뎌	려	며	벼	셔	여	켜	텨	펴	저	쳐	ᅀᅧ	ᅌᅧ	혀
ㅗ	고	노	도	로	모	보	소	오	코	토	포	조	초	ᅀᅩ	ᅌᅩ	호
ㅛ	교	뇨	됴	료	묘	뵤	쇼	요	쿄	툐	표	죠	쵸	ᅀᅭ	ᅌᅭ	효
ㅜ	구	누	두	루	무	부	수	우	쿠	투	푸	주	추	ᅀᅮ	ᅌᅮ	후
ㅠ	규	뉴	듀	류	뮤	뷰	슈	유	큐	튜	퓨	쥬	츄	ᅀᅲ	ᅌᅲ	휴
ㅡ	그	느	드	르	므	브	스	으	크	트	프	즈	츠	ᅀᅳ	ᅌᅳ	흐
ㅣ	기	니	디	리	미	비	시	이	키	티	피	지	치	ᅀᅵ	ᅌᅵ	히
ㆍ	ᄀᆞ	ᄂᆞ	ᄃᆞ	ᄅᆞ	ᄆᆞ	ᄇᆞ	ᄉᆞ	ᄋᆞ	ᄏᆞ	ᄐᆞ	ᄑᆞ	ᄌᆞ	ᄎᆞ	ᅀᆞ	ᅌᆞ	ᄒᆞ

ㄱ에 ㅏ를 더해서 가
ㄴ에 ㅑ를 더해서 냐
ㄷ에 ㅓ를 더해서 더

한글은 자음과 모음을
합하여 글자를 익히는 방법이
쉽고 효과적이에요.
그래서 반절표도 생긴 거죠.
누가 언제 만들었는지는 모르지만,
《훈몽자회》의 언문자모나
유희춘의 일기를 보면 16세기 초에
반절표가 있었다는 걸 알 수 있어요.
한글 공부는 처음에 《훈민정음 해례본》의
〈예의〉편을 번역하여 사용했지만,
시간이 지나면서 한 장의 반절표를
만들어 사용하였던 거예요.
지금과 비교하면 'ㅿ, ㆁ'행이 없어지고,
'ㅌ, ㅋ'행의 순서가 바뀌고,
'ㅘ, ㅝ'행이 새로 추가되는
변화가 있었지만, 기본적인 것은
지금도 변하지 않고
사용하고 있어요.

어, 내가 한글을 배울 때 벽에 붙여 놓았던 한글표랑 비슷하잖아.
지금은 없는 ㅿ, ㆁ 글자랑 순서만 조금 다르네.
조선 시대 아이들도 나랑 비슷한 표로 한글 공부를 했다니 너무 신기하다.
어, 그런데 반절표라고 되어 있는데, 이 이름은 무슨 뜻이지?

궁금증 하나 반절과 반절표의 이름은 무슨 뜻이에요?

《훈몽자회》에서 백성들이 한글을 '반절'이라 부른다고 했어요. 원래 반절은 한자의 음을 표시할 때, 쉬운 한자를 이용하여 나타내는 법을 말해요. 예를 들어 '東'의 음은 德紅이라고 쓰는데, 이는 德(덕)의 첫소리 'ㄷ'과 紅(홍)의 끝소리 '옹'을 합해 '동'이라고 읽는 걸 가리켜요. 그리고 '반절표'란 바로 한글의 첫소리와 가운뎃소리가 합쳐져 글자가 되는 것을 보여 주는 표라는 뜻이에요. 첫소리와 가운뎃소리가 결합하여 표기하는 한글의 방법이 이와 비슷해서 반절이라고 불렀지요.

궁금증 둘 반절표는 누가 언제 만들었나요?

언제 누가 처음 만들었는지에 대한 기록은 전해지지 않아요. 대신 반절표가 사용된 기록을 찾아 보아요.

기록 1 • 1527년 최세진의 《훈몽자회》에 실린 '언문자모'가 있어요. 이는 반절표에 설명을 더한 것이라 추측할 수 있어요.

기록 2 • 1569년 안심사 간행의 《진언집》에 '언본'이라는 이름으로 '언문자모'가 그대로 실려 있어요.

기록 3 • 1574년 3월 15일자 유희춘의 일기 〈미암일기초〉에서 제자에게 반절표를 설명해 주는 이야기가 나와요.

기록 4 • 1777년 만연사 중간의 《진언집》에서 한글 공부를 반절표로 했다는 사실을 확인할 수 있어요.

글자가 사라졌다!!!

한자 음에는 우리말에는 없는 소리가 있어서, 그걸 표기하기 위해 만든 글자도 있었어. 처음 만든 글자 중에 'ㅸ, ㆆ, ㅿ, ㆁ'이 그런 글자야. 지금은 쓰지 않는 이 글자들은 이름이 무엇인지, 언제 사라졌는지 알아 보자.

사라진 글자를 소개합니다!

ㅸ 내 이름은 '순경음 비읍'이에요. 모양은 ㅂ 아래에 ㅇ을 이어서 쓰면 되지요.
나를 '가벼운 비읍, 여린 비읍'이라고 부르기도 해요.
나와 비슷하게 이어 쓴 글자로 'ㆄ ㅱ ㅃ'가 있는데 ㆄ부터 차례로 사라졌어요.
이름을 붙인다면 '순경음 피읖, 순경음 미음, 순경음 쌍비읍'이라고 할 수 있겠지요.
나 'ㅸ'은 15세기 말, 세조 이후에 'ㅗ'나 'ㅜ'로 변했어요.
'셔ᄫᅳᆯ(서울), 더ᄫᅥ(더워), 쉬ᄫᅳᆫ(쉬운)'에서 내 모습을 볼 수 있답니다.

ㆆ 내 이름은 '여린 히읗'이에요. 모양은 ㅎ에서 ㆍ를 떼어내고 쓰면 되지요.
나를 '된 이응'이라고 부르기도 해요.
사잇소리 'ㅎ뇶ㅳ(하늘의 뜻)'에 쓰이거나, 중간부호 'ᄒᆞᆶ배(할 바)'로 쓰이지요.
나는 16세기 초에 사라졌답니다.

ㅿ 내 이름은 '반치음'이에요. 모양은 ㅅ에 ㅡ를 이어 쓰면 되지요.
나를 '반 시옷'이라고 부르기도 해요.
'ᄆᆞᅀᆞᆷ(마음), 처ᅀᅥᆷ(처음), ᄀᆞᅀᆞᆯ(가을), 아ᅀᅮ(아우)'에서 내 모습을 볼 수 있어요.
15세기 말부터 쓰이지 않기 시작해서 임진왜란 이후에 완전히 사라졌답니다.

ㆁ 내 이름은 '옛 이응'이에요. 모양은 ㅇ위에 ㅣ를 붙여 쓰면 되지요.
내게는 다른 이름이 없어요.
나는 16세기 말에 받침 ㅇ으로 글자 모양이 변했어요.
'ᄇᆡᆼ셩(백성), 이ㆁ어(이어)' 등에서 내 모습을 볼 수 있답니다.

ㆍ 내 이름은 '아래 아'입니다. 모양은 'ㆍ' 이렇게만 쓰면 되지요.
내게는 다른 이름이 없어요.
나는 16세기부터 둘째 글자에서 'ㅡ, ㅏ'로 바뀌더니, 첫째 글자에서도 'ㅏ'로 바뀌었어요.
'기르마(기르마), 부룸>부람(벽), 릐년>래년(내년)'에서 내 모습을 볼 수 있답니다.

한글이 만들어진 시대의 책을 보면 글자 옆에 점이 찍혀 있는 걸 볼 수 있어. 이 점을 방점이라고 하는데, 낱말의 뜻을 구별해 주는 소리의 높낮이를 표시하는 거야.

지금은 방점이 없어졌지만, 소리를 짧게, 혹은 길게 내어 그 뜻을 구별하는 것에서 그 흔적을 찾아 볼 수 있다고 해.

그럼, 방점에 따라 소리의 높낮이가 어떻게 다른지, 언제 쓰였다가 언제 사라졌는지 알아 보자.

방점도 사라졌어요!

구분 이름	방점	소리의 성질	예	현대
평성	없음	부드럽고 낮은 소리	곳(花) 비(梨)	짧게
상성	2점	처음 낮고 끝이 높은 소리	:눈(雪) :별(星)	길게
거성	1점	높은 소리	·플(草) ·눈(眼)	짧게
입성	없음·1점·2점	빨리 끝 닫는 소리	·입(口)	짧게

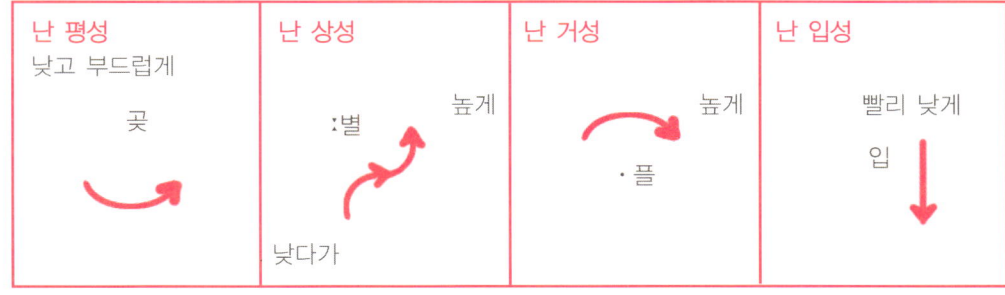

방점은 15세기에 쓰이다가, 16세기 말에 사라졌어요.
지금의 경상도나 함경도 사투리에 일부 남아 있답니다.

난 평성	난 상성	난 거성	난 입성
낮고 부드럽게 곳	:별 높게 낮다가	높게 ·플	빨리 낮게 입

방점과 소리의 높낮이

거성
상성   입성
평성

처음 만들어진 한글에는 우리말 발음에 없는 'ㆆ, ㅇ, ㅿ(ㆅ)' 글자가 있었어요. 대신 우리말에 있는 반모음과 된소리를 쓸 글자를 만들지 않았어요.

시간이 흐르면서 'ㅸ, ㆆ, ㅿ' 글자는 없어지고, 'ㅇ(이응)' 글자는 'ㆁ(옛이응)' 글자와 합해졌어요. 또 된소리를 복잡하게 쓰다가 1933년에 'ㄲ, ㄸ, ㅃ, ㅆ, ㅉ'의 글자로 통일했어요.

한글을 지켜라

5 혼란에 빠진 학교

검은 그림자는 함을 열고, ㄱ 글자를 써 놓은 한지를 꺼내 품 안에 넣고는 창호문을 열고 밖으로 나갔습니다.

"저길 훔쳐 가게 놔둘 수는 없어요."

"나도 같은 생각이야."

타임 캡슐 안에 있던 한들과 날쌤 형사는 계획을 바꿔 이것저것 생각하지 않고 타임 캡슐 밖으로 나왔습니다. 그리고 서둘러 검은 그림자의 뒤를 쫓았습니다.

과학자 바차름은 학교로 갔습니다. 예언자 허투로의 말을 열심히 녹음했지만 별로 소득이 없다는 생각이 들었습니다. 예언자 허투로가 한 말은 다양한 내용이어서 여러 낱말들을 녹음할 수 있었지만 발음도 정확하지 않았고, 자주 쓰는 낱말도 아니었기 때문입니다.

교장 선생님과 함께 과학자 바차름이 교무실로 들어섰을 때, 선생님들은 회의를 하고 있었습니다. 학생들이 반 이상 결석을 했기 때문입니다.

"우리도 영어로 수업을 하지요. 다른 학교는 벌써 영어로 수업을 시작해서 결석하는 학생이 한 명도 없다고 합니다."

"영어 선생님, 어떻게 그런 말씀을 하십니까? 글이란 나라의 정신입니다. 글이 없어지면 나라도 없어지는 걸 역사에서 많이 보지 않았습니까? 선생님이란 분이 어떻게 그런 말씀을 하시는지…, 정말 실망입니다."

"이게 제 잘못입니까? 나라에서도 영어를 사용하라고 하는 마당에…… . 이러다 학교 문을 닫아야 할지도 모릅니다."

"아아, 선생님들! 진정하시고 여기를 보십시오. 한글 자음 찾기 특별 수사 팀에서 과학자 바차름 씨가 오셨습니다. 인사들 하시고, 국어 선생님! 수업도 없으시니 바차름 씨를 도와주세요."

과학자 바차름은 국어 선생님의 안내를 받아 학생들이 있는 교실로 갔습니다. 학생들은 책상에 놓여진, 글자가 없는 빈 화면 앞에서 마구 떠들며 장난을 치고 있었습니다.

"여러분, 자리에 앉아 주세요. 여기 한글 자음 찾기 특별 수사 팀에서 과학자 바차름 씨가 오셨습니다. 바차름 씨가 한글 자음을 찾으려면 여러분의 도움이 필요하답니다."

학생 한 명이 손을 들고 일어나 질문을 하였습니다.

"우리가 한글 자음 찾는 걸 도우면 자기는 공부를 다시 해야 하는 것 아닌가요?"

"야, 너는 평소에도 공부를 안 했으면서, 한글 자음을 찾거나 말거나 공부 안 하기는 마찬가지 아니냐?"

"뭐야?"

아이들은 주먹을 쥐고 상대를 때리려고 서로에게 달려들었습니다.

"조용 조용! 너희들은 앞으로 영어나 한자만 사용하면 좋겠어?"

"아니요!"

평소에 영어와 한자 시험에 시달리던 아이들은 재빨리 자신의 자리를 찾아 앉았습니다.

"얘들아, 여기 과학자 바차름 씨의 설명을 잘 듣고 따라해 주길 바란다. 그래야 하루 빨리 한글 자음을 찾아서 쉽게 공부 할 수 있는 거야. 다들 잘 알겠지?"

학생들은 일제히 과학자 바차름을 쳐다보았습니다.

"한글 자음을 찾기 위해서는 여러분의 도움이 필요합니다. 우리 한글 자음이 발음기관을 본 떠서 만들었다는 건 다들 알고 있지요? 지금부터 한 사람씩 나와서 내가 말하는 걸 따라해 주세요."

과학자 바차름의 지시로 학생들은 한 사람씩 앞으로 나왔습니다. 그리고 바차름을 따라 'ㄱ'을 소리내어 발음하였습니다. 그리고는 입술, 혀, 이, 어금니, 입천장 등 발음을 내는데 사용된 기관들이 어떤 모양이 되는지 말했습니다. 과학자 바차름은 이렇게 한 반 아이들의 목소리를 다 녹음했습니다.

"지금부터 녹음된 여러분들의 목소리를 들려줄 겁니다. 그럼, 여러분들은 'ㄱ'을 소리낼 때 발음기관의 모습을 컴퓨터 그림판에 그려 주세요."

학생들은 진지하게 정성을 다해 그림을 그렸습니다. 학생들의 그림은 과학자 바차름의 컴퓨터에 차례로 나타났습니다.

과학자 바차름은 빔 프로젝트에 학생들의 그림을 띄웠습니다.

"여러분들이 소리를 그린 것입니다. 혹시 이 중에서 한글 자음과 비슷하다고 생각되는 것이 없어요?"

학생들은 모두 곰곰이 기억을 되살리려 했지만 떠오르는 것이 아무 것도 없었습니다.

"기억나는 것이 없어요? 사실 나도 아무런 기억이 나질 않는군요. 그럼, 이 그림들을 합쳐 보도록 하지요."

빔프로젝트에서 그림들이 차츰 하나로 합쳐져 갔습니다.

"흠흠!"

강새암 문자 박사는 팔랑새 기자를 힐끔거리며 작은 헛기침을 했습니다.

"강박사님, 뭐 필요한 거라도 있나요?"

"아, 아니오. 좀 쉬었다가 하지요. 나이가 들어서 그런지 눈이 침침하군요."

"그럼, 쉬세요. 저는 괜찮으니 계속 하겠습니다."

팔랑새 기자의 말에 잠시 강새암 문자 박사의 눈이 세모꼴이 되더니, 곧 눈가에 주름을 잡아 웃으며 다시 말을 꺼냈습니다.

"그러지 말고 차나 한 잔 하고 계속 합시다."

"그러세요. 제가 차를 준비할게요."

팔랑새 기자가 차를 준비하는 동안 강새암 문자 박사는 급하게 파일 하나를 첨부해 메일을 보냈습니다.

'각 학교에서는 이제부터 첨부하는 문자를 학생들에게 가르치기 바랍니다. 첨부 파일 : SᅦG−RZᅡ'

−〈B 신문〉에서 계속

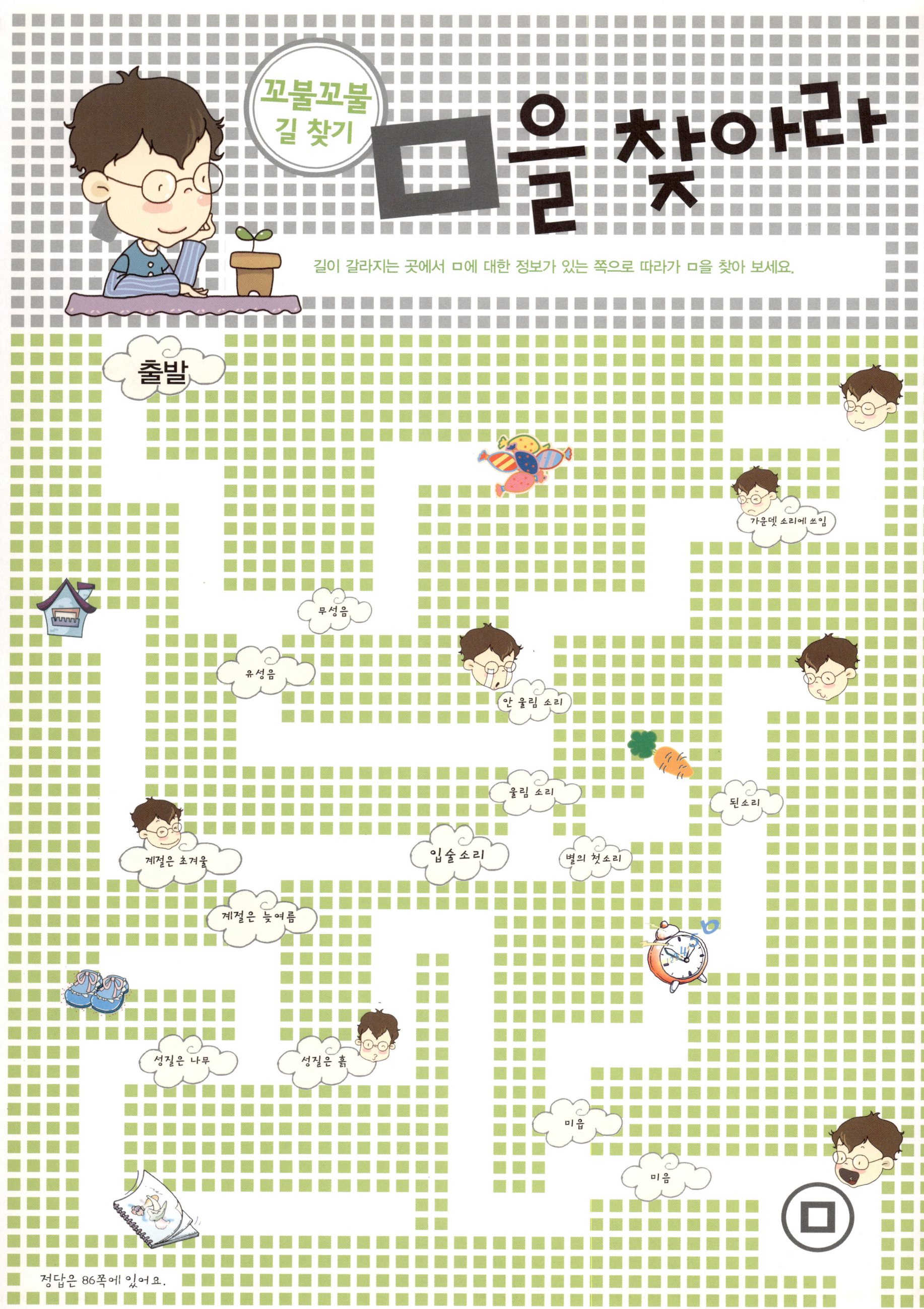

꼬불꼬불 길 찾기

ㅁ을 찾아라

길이 갈라지는 곳에서 ㅁ에 대한 정보가 있는 쪽으로 따라가 ㅁ을 찾아 보세요.

출발

가운뎃 소리에 쓰임

무성음

유성음

안 울림 소리

울림 소리

입술소리

된소리

별의 첫소리

계절은 초겨울

계절은 늦여름

성질은 나무

성질은 흙

미읍

미음

ㅁ

정답은 86쪽에 있어요.

알쏭달쏭 알고 싶어요

사라진 글자, 어떻게 불러야 할까요?

지금은 사용하지 않는 사라진 글자 'ㆁ, ㆆ, ㅿ, ㅸ, ·'의 이름은 뭘까요? 한글 학회에서 1955년에 만든 《큰사전》에서 이 다섯 글자에 처음으로 이름을 붙였다고 해요. 여기에는 이들의 이름이 '옛 이응, 된 이응, 반시옷, 가벼운 비읍, 아래 아'로 되어 있어요. 그런데 지금은 '옛 이응, 여린 히읗, 반치음, 순경음 비읍, 아래 아'라는 이름을 쓰고 있어요. 'ㆁ, ㆆ, ㅿ, ㅸ, ·'의 이름을 사람마다 어떻게 다르게 불렀는지, 어떤 이름으로 부르는 것이 가장 적당한지 알아 보아요.

■ 사라진 글자의 이름

글자	한글학회 (1955)	국어학자 이희승 (1961)	국어연구원 (1995)	교과서
ㆁ	옛 이응	옛 이응	옛 이응	옛 이응
ㆆ	된 이응	된 이응	여린 히읗	여린 히읗
ㅿ	반시옷	반시옷	반시옷	반치음
ㅸ	가벼운 비읍	가벼운 비읍	가벼운 비읍	순경음 비읍
·	아래 아	아래 아	아래 아	아래 아

이름이 변하지 않은 'ㆁ'과 '·'는 그대로 두고 'ㆆ, ㅿ, ㅸ'의 이름이 적당한지 생각해 보아요.
다른 글자 이름을 정할 때의 원칙을 알아 보고, 같은 방법으로 이름이 정해졌는지도 따져 보아요.

원칙
- 글자가 나타내는 소리나 글자의 모양과 관련하여 정해요.
- 다른 글자들의 이름과 관련을 지어 정해요.
- 지금까지 널리 사용해 온 이름을 존중해요.

ㅿ
반시옷 소리 값과 모양을 보고 지은 이름
반치음 소리 값에 따라 부른 이름

ㅸ
순경음 비읍 말소리나 글자의 유형을 가리키는 이름
가벼운 비읍 소리 값에 따라 부른 이름
여린 비읍 소리 값과 다른 글자 이름과 관련해 붙인 이름

ㆆ
여린 히읗 널리 사용해 온 이름을 존중한 이름
된 이응 소리 값에 따라 부른 이름

사라진 글자들은 모양만 봐도 어렵게 느껴져요.
그런데 이름까지 여러 가지면 더욱 어렵게 느껴져 멀리하게 될 거예요.
옛 한글에 대해 가깝게 느끼고 열심히 배우게 하려면 이름을 하나로 정해 쓰는 것이 좋겠죠?

우리말 지킴이가 되고 싶어

한글은 우리 나라를 빛내 주는 소중한 우리 문화 유산이에요. 이러한 한글이 요즘 푸대접을 많이 받고 있어요. 우리 모두 자랑스런 우리말 지킴이가 되어서 한글을 아끼고 사랑합시다. 자, 다음 문제들을 풀어서 우리말 지킴이가 돼 보아요.

오늘은 ㅁ으로 시작하는 답을 맞히는 3단계 놀이를 하려고 합니다.
3단계를 다 맞히신 분에게는 상품으로 모시옷을 드리겠습니다.
자, 그럼 시작해 볼까요?

ㅁ으로 시작하는 낱말 수수께끼 문제입니다.
보기를 보고 알아맞혀 보세요.

하나, 눈으로 볼 수 없는데 본다고 하는 것은 무엇일까요?
둘, 아무리 빨리 돌아도 같은 자리에서 도는 것은 무엇일까요?
셋, 하늘에 있는 커다랗고 아름다운 개는 무엇일까요?

보기 **물레방아   무지개   맛**

ㅁ으로 시작하는 속담 문제입니다.
보기를 보고 알아맞혀 보세요.

하나, 하고 싶은 마음이 간절하다는 뜻의 속담은 무엇일까요?
둘, 별다른 것 없이 하는 말 속에 단단한 속뜻이 들어 있다는 뜻의 속담은 무엇일까요?
셋, 아무것도 모르고 남이 하니까 따라 한다는 뜻의 속담은 무엇일까요?
넷, 미운 사람일수록 더 친절히 해야 감정도 상하지 않고 뒷날 걱정도 없다는 뜻의 속담은 무엇일까요?
다섯, 못된 사람 하나가 온 집안이나 사회에 해를 끼친다는 뜻의 속담은 무엇일까요?

보기 **망둥이가 뛰니까 꼴뚜기도 뛴다.**
　　　마음이 굴뚝 같다.
　　　미운 놈 떡 하나 더 준다.
　　　말 속에 뼈가 있다.
　　　미꾸라지 한 마리가 온 웅덩이 흐린다.

다음은 ㅁ으로 시작하는 토박이말 문제입니다.

하나, 바느질과 같이 물에 손을 넣지 않고 하는 집안일을 뜻하는 말은 무엇일까요?
둘, 일의 끝단속을 짓는 솜씨나 모양새를 뜻하는 말은 무엇일까요?
셋, 그날 처음으로 물건을 파는 일을 뜻하는 말은 무엇일까요?
넷, 마음을 쓰는 정도나 모양이라는 뜻으로, 꼼꼼하게 여러 가지를 보살펴 주는 일을 뜻하는 말은 무엇일까요?
다섯, 마음속을 드러내지 않으려고 단단히 매어 둔 다짐을 뜻하는 말은 무엇일까요?
여섯, 오래 묵혀 거칠어진 밭을 뜻하는 말은 무엇일까요?
일곱, 참외서리, 닭서리를 한 아이의 부모가 내놓은 쌀을 뜻하는 말은 무엇일까요?

보기 **묵정밭   마른일   마무새   마음고름   마수걸이   밉쌀   마음씀씀이**

재미있는 순우리말

● **마들가리**
1. 잔가지나 줄거리로 된 땔나무.
2. 해진 옷의 남은 솔기.
3. 새끼나 실 따위가 홅이어 맺힌 마디.

● **말캉하다**
너무 익거나 곯아서 물크러질 만큼 말랑하다. (큰말 : 물컹하다)

● **망울망울하다**
작고 둥근 망울들이 한데 엉기거나 뭉쳐서 동글동글하다.
(큰말 : 멍울멍울하다)

● **매지 구름**
비를 머금은 검은 조각 구름.

● **먼지잼**
비가 겨우 먼지나 자게 할 정도로 조금 옴.

● **명지 바람**
부드럽고 화창한 바람.

● **모르쇠**
덮어놓고 모른다고 잡아떼는 일

● **물수제비뜨다**
얇고 둥근 돌로 물위를 담방담방 뛰어 가게 팔매치다.

● **민틋하다**
울퉁불퉁하지 않고 평평하고 미끈하다.

 **아주 짧은 낱말 동화**

메아리

박쥐는 어두운 동굴 속에서 소리로 정확히 길을 찾지요.
안개가 짙은 바다에서 배들은 소리로 빙산을 피해 가지요.
"야호오오오!"
"야호오오오!"
공기가 물결쳐서 되돌아오는 것, 메아리!

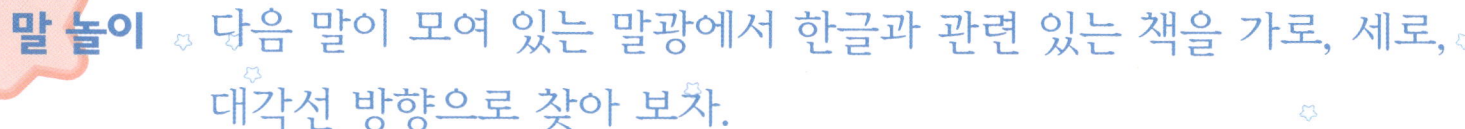

말놀이 다음 말이 모여 있는 말광에서 한글과 관련 있는 책을 가로, 세로,
대각선 방향으로 찾아 보자.

어	처	내	훈	몽	자	회
저	월	해	터	민	퍼	구
시	허	인	동	국	정	운
용	비	어	천	가	너	음
향	러	더	곡	강	요	누
악	머	원	서	루	지	버
보	류	두	시	언	해	곡

정답은 86쪽에 있어요.

아름다운 우리 토박이말

미리내

맑은 밤하늘을 보면 남북으로 길게 흐르는 은빛의 별무리가 있지?
이것을 흔히 은하수라 하는데, 순우리말로는 '미리내' 야. 은빛으로 흐르는 물이라는 뜻이지.
미리내의 '미리' 는 용의 우리말 이름인 '미르' 에서 변한 것으로 보이는데, 용이 사는 내라고 해서
미르내라고 부르다가 소리가 조금 바뀌어서 미리내라고 부르게 된 거야.

57

ㅁ신문갈무리

다아라 박사의 답안지 엿보기

1단계	**하나** 맛 **둘** 물레방아 **셋** 무지개
2단계	**하나** 마음이 굴뚝 같다. **둘** 말 속에 뼈가 있다. **셋** 망둥이가 뛰니까 꼴뚜기도 뛴다. **넷** 미운 놈 떡 하나 더 준다. **다섯** 미꾸라지 한 마리가 온 웅덩이 흐린다.
3단계	**하나** 마른일 **둘** 마무새 **셋** 마수걸이 **넷** 마음씀씀이 **다섯** 마음고름 **여섯** 묵정밭 **일곱** 밉쌀

우리말 지킴이가 되고 싶어

3단계를 다 맞힌 분에게 상을 드립니다.

> ### 우리말 지킴이 상
>
> 이 어린이는 우리말을 사랑하는 마음으로
> 꾸준히 한글 공부를 하여 우리 나라의
> 소중한 유산을 빛내 주었기에 이 상을 드립니다.
> 상품으로 모시옷 한 벌을 함께 드립니다.
>
> 우리말 지킴이에게 드리는 시원한 **모시옷**

순우리말로 배우는 여름 옷감

모시

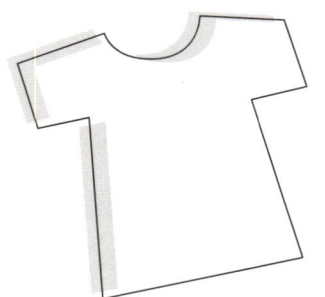

모시풀에 대해 알아 보아요.
① 습기가 많고 기후가 따뜻한 지방에서 자라요.
② 씨에서 싹을 틔우기보다 꺾꽂이나 포기 나누기로 심어요.
③ 한 번 심으면 약 20년 동안은 계속 거두어들일 수 있어요.
④ 거두기 적당한 시기는 줄기의 밑부분이 갈색으로 변하고,
  밑의 잎이 시들어 말라 버릴 때예요.
⑤ 우리 나라에서는 1년에 한 번 거두어요.

다른 그림 찾기 다른 그림은 20개예요. 답은 86쪽에 있어요.

한글 문학 작품 우수수 쏟아지다!

우리 글로 우리만의 정서를 담은 진정한 우리 문학의 시대 열려

1600년대, 우리말에 맞는 한글이 태어난 후 비로소 진정한 우리 나라 문학의 시대가 열렸다.

실제로 한글이 만들어진 직후 《용비어천가》와 《석보상절》, 《월인천강지곡》 등 수준 높은 한글 문학 작품이 쏟아져 나왔다.

그러나 한글은 당시 지배층인 사대부에게서 외면당했고, 조선 10대 임금 연산군이 한글을 쓰지 못하게 하는 등 나라의 글로 대접 받기는커녕 이름조차 제대로 불리지 않는 어두운 시기를 거쳤다.

외면 당하던 우리 글 서서히 힘 얻어

그러나 시간이 지남에 따라 우리말에 알맞은 우리 글은 서서히 힘을 지니기 시작했다. 1600년대에 접어 들면서 한글로 쓰인 문학 작품이 쏟아져 나왔고, 입으로만 전해져 내려오던 옛 노래도 한글로 기록되어 후세에까지 전해지게 되었다.

먼저 시조와 가사 등 운문(리듬이 있는 문장) 분야에서 한글 문학이 발달했다. 이후 조선 후기로 넘어 오면서 소설이 등장하고 일기나 수필 등 여러 분야의 기록물이 쓰였다.

특히 3장 6구 45자 내외의 형식을 지닌 시조는 우리 나라 고유의 시가로 발전하였다. 시조는 조선 초기에는 주로 사대부들의 유교적 정서를, 후기에는 서민들의 다양하고 사실적인 정서를 표현하였다.

양반층까지 판소리의 세계로

조선 중기에는 가사 문학이 발달하였다가 후기에는 한글 소설이 많

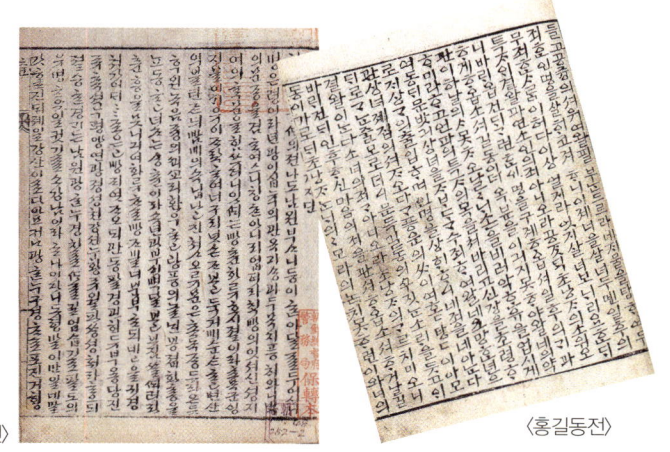

〈춘향전〉 〈홍길동전〉

한글 소설 인기 허균이 지은 최초의 한글 소설 〈홍길동전〉의 발간 이후 다양한 작품이 쏟아져 나왔다. 특히 판소리를 소설로 옮긴 판소리계 소설은 서민의 소망이 담긴 대표적인 서민 문학이다.

이 쏟아져 나왔다.

판소리는 18세기 전라도 지방에서 발생했으며 19세기에 전성기를 이루었다. 조선 후기 판소리 이론가이자 작가인 신재효는 판소리 여섯 마당을 지어 서민뿐만 아니라 양반층까지 판소리의 세계로 끌어들였다.

이후 한글 소설과 판소리 계통의 고대 소설이 널리 퍼지고 더불어 서민 문학이 활발해졌다.

한글로 쓴 편지 '언간' 유행

요즘 들어 한글로 쓴 편지인 '언간(諺簡)' 주고 받기가 유행이다. 언간은 상대방에게 직접 말하듯이 쓰여 딱딱하고 읽기 힘든 한문 편지보다 인기가 많다.

더불어 한글 편지 쓰는 법을 알려주는 《언간독》이라는 책이 나와 많은 사람이 쉽고 편하게 편지를 쓸 수 있게 되었다.

눈에 띄는 새 책

"한글 편지를 쓰는 모든 사람이 기다리던 책!"

편지 쓰는 솜씨가 놀랄 만큼 쑥쑥!!

언간독

부모와 자식, 남편과 아내, 장모와 사위, 시부모와 며느리에 이르기까지 편지를 쓰는 데 필요한 모든 지식을 모두 모아 놓은 책!
쉽고 빠르게 편지를 쓸 수 있게 해 주는 최초의 길잡이 책!
시원한 글쓰기를 안내하는 빼어난 문장이 엄청나게 많이 담겨 있다.

* 온 나라 서당에서 팔아요.

한글을 알리는 여성들

한글 창제로 말과 글이 하나인 시대가 열렸지만 아직 조선은 한글을 공식적인 우리 글로 인정하지 않았다. 참된 글자라는 뜻의 '진서'는 한자를 가리키는 말이고 우리 한글은 언문, 반절, 암클, 중글 등으로 낮추어 불렀다.

1,000년 이상 한자와 한문 공부를 바탕으로 과거 시험을 거쳐 관료가 된 조선의 남성 사대부들은 한글의 필요성을 절실히 느끼지 못했다.

그래서 한글은 한자와 한문을 익히기 위한 도구 정도로 가치를 인정 받았고, 나라에서 백성을 가르치려는 글이나 개인적으로 주고 받는 편지 정도에서만 쓰였다. 그러나 우리말과 곧바로 통하는 우리 글의 힘이 약해지지는 않았다.

읽기 쉽고 쓰기 쉽고 배우기도 쉬운 한글은 왕실 여성들이 먼저 사용하였다. 인수대비가 한자를 모르는 여성들을 위해 여성들이 익혀야 할 덕목을 담은 《내훈》이라는 책을 펴낸 것을 시작으로, 한글 사용은 점차 사대부가의 여성들, 평민들에게로 퍼져 갔다.

서울에서 지방으로, 상류 계층에서 하류 계층으로 단계적으로 속도가 붙으면서 알려진 한글은 수많은 한글 편지와 한글로 된 문학 작품 필사본, 한글로 된 교서 같은 고문서를 증거물로 남겼다.

한글 사용에 앞장선 여성들의 한글 사랑에 우리 모두 박수를 쳐주어야겠다.

서민에서 사대부까지 누구나 즐겨 부르는 노래, 시조

어느 민족이나 그만의 고유한 민족 문학, 특히 정형시를 가지고 있다. 중국엔 절구, 일본엔 하이쿠가 있고 우리에겐 시조가 있다.

시조는 고려 중기에 나와 조선으로 이어지면서 짧고 간결한 형식 속에 우리말의 아름다움을 살려, 우리 정서를 담아 내는 틀로 발전하였다.

시조의 종류에는 평시조, 엇시조, 사설시조가 있다.

평시조는 모든 시조의 중심이 되는 기본 형식으로서 초장, 중장, 종장 3장으로 된 3행시이며 3장 6구 12음보가 기본이다. 한 수는 보통 45자 내외로 이루어져 있다.

다른 나라의 정형시(형식이 정해져 있는 시)는 글자 수를 엄격하게 따지지만, 우리 시조는 마지막 장인 종장의 처음이 3음절, 두 번째 음보가 5에서 7음절로 정해져 있고 나머지는 대체로 늘이거나 줄일 수 있어 감정 표현이 더 자유로운 우수한 정형시이다.

같은 내용의 평시조를 두 개 이상 연결해서 하나의 시조가 된 것을 연시조라고 한다. 엇시조는 평시조의 기본 틀인 3장 6구 12음보에서 어느 한 장이 길어진 형태이다.

내용 면에서 보면 평시조는 대개 사대부가 많이 썼고, 사설시조는 서민들이 많이 쓴 문학이다.

평시조가 사대부들의 관념성과 자연을 노래하였다면, 사설시조는 서민들의 생활을 소재로 하여 현실을 노래하였다. 사설시조는 이후에 발달한 자유시의 기초 역할을 하였다.

사설시조는 서민들의 생활을 소재로 하여 현실을 노래한 시조이다. 후에 자유시의 기초가 되었다.

그림마당

수군수군

"그는 봉황의 반열에 드는 수리요, 전당의 사나운 범이다."
– 조선 시대 선조가 정철의 충성심과 강직한 성품을 칭찬하며

"소설이 다른 역사책보다 오히려 감동의 폭이 크기 때문에 읽을 만한 것이다."
– 사대부들이 소설을 허황한 이야기이고 풍속을 어지럽힌다고 말하자, 《구운몽》을 쓴 소설가 김만중이 이 말에 반대하며

"우리의 문학은 마땅히 한글로 써야 한다."
– 《사씨남정기》의 작가 김만중이 소설을 무시했던 조선 시대에 한글 문학의 가치를 강조하며

정철   윤선도

바로이사람 정철과 윤선도

가사는 송강이요, 시조는 고산

흔히들 긴 노래인 가사는 송강이요, 짧은 노래인 시조는 고산이라고 한다. 자연의 아름다움을 섬세한 우리말로 노래한 송강 정철과 고산 윤선도를 가사와 시조에서 조선 최고로 인정하는 말이다.

두 사람은 16세기 말부터 17세기 중엽에 활동한 작가로 뚜렷한 개성을 지닌 반면 공통점도 많았다.

정철(1536년~1593년)은 충성심이 강하고 성품이 강직했다. 작품으로는 〈관동별곡〉, 〈사미인곡〉, 〈속미인곡〉, 〈성산별곡〉 4편의 가사와 시조 107수가 전한다. 시조보다 가사에서 더 뛰어난 실력을 보인 정철은 작품에서 자연의 모습을 생생하고 힘 있게 그렸다.

윤선도(1587년~1671년)는 여러 분야를 다 잘하였으며 실천 정신이 강한 선비였다. 그는 〈오우가〉, 〈어부사시사〉, 〈산중신곡〉 같은 작품을 지었고, 저서에는 《고산유고》가 있다. 윤선도는 시 속에서 자연과 하나가 되는 인간의 생활을 서정적이고 감각적인 언어로 놀랄 만큼 섬세하게 그려 냈다.

이처럼 두 사람은 개성이 강한 작가였지만 둘 다 정치에 관심이 많아 혼란스런 정치에 직접 참여하였다. 그리고 많은 시간을 유배지에서 보냈다는 공통점이 있다.

또 서로 정치적 입장은 달랐지만 유배지에서 보낸 시간 동안 아름다운 문학 작품을 많이 만들어 냈다는 것도 공통점이다.

여기서 잠깐

우리 나라 3대 시조집

임진왜란 이후 서민들은 정치적·경제적으로 많은 어려움을 겪었다. 양반 계층에 대한 생각도 달라지고 현실에 대한 불만이나 비판 의식도 높아졌다. 이러한 변화가 시조에도 영향을 미쳐서 서민 시조 작가가 많이 나왔다. 이들은 자유로운 형식과 내용의 시조를 만드는 데 힘썼다.

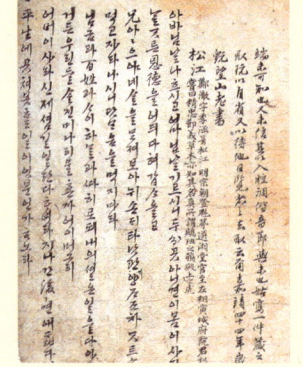
최초의 시조집 《청구영언》

숙종, 영조 대의 대표적 작가들인 김천택, 김수장, 박효관, 안민영은 시조집을 편찬하고 직접 노래를 지었다. 이들은 사설시조를 많이 썼다.

《청구영언》(1728년)은 김천택이 시조 998수와 곡조에 따라 나누고 정리한 가사 17편을 수록한 최초의 시조집이다.

《해동가요》(1763년)는 김수장이 자신의 시 117수를 포함한 883수의 시조를 시대별로 나누고 각 작가에 대한 짤막한 해설을 넣어 만든 시조집이다.

《가곡원류》(1876년)는 스승과 제자인 박효관과 안민영이 1,000년 동안의 시가를 총 정리하여 함께 엮은 시가집이다.

《청구영언》, 《해동가요》, 《가곡원류》를 우리 나라의 3대 시조집이라고 일컫는다.

우리말을 자유롭게 표현한 가사 유행

조선 중기에 발달한 가사는 우리말을 자유로이 표현할 수 있다는 특징을 지녔다.

가사의 형태는 3 또는 4 음절을 1 음보로 한다. 1행은 4음보로 되어 있고, 행의 수에 제한 없이 긴 운율이 있는 운문이다.

가사는 운율이 있는 운문과 자유롭게 써내려 간 산문의 중간 성격을 띠어서 노래하거나 운율을 실어 읊을 수 있다.

자연을 노래한 송강 정철에서 서민과 여성으로 넓혀져

최초의 가사 작품은 성종 때 정극인이 지은 〈상춘곡〉이다. 이후 조선 중기의 가사는 대부분 사대부들의 작품이었다. 송순의 〈면앙정가〉를 거쳐 정철의 여러 작품에 이르러 크게 유행하였다.

정철의 시가집인 《송강가사》에 실려 전해지는 가사 작품은 〈관동별곡〉, 〈사미인곡〉, 〈속미인곡〉, 〈성산별곡〉 모두 4편인데, 토박이말을 자유자재로 사용한 비장한 시풍은 가사 문학의 으뜸이란 평을 받는다.

이처럼 사대부 가사 작품의 대부분은 자연을 노래하고 있다.

조선 후기를 지나면서 작가층이 사대부에서 서민과 여성으로 넓혀져 서민 가사와 여성 가사가 새롭게 등장하였다. 작품의 내용도 전쟁·기행·역사·산업·애정·현실 비판으로 다양해졌다.

하나둘셋! 찰칵!

윤선도의 연시조, 〈어부사시사〉
윤선도가 귀양 살이한 후 보길도에서 일생을 마칠 때까지 자연 생활을 즐기며 지은 작품이다. 봄·여름·가을·겨울, 사계절로 나누어 지었고, 계절마다 10수를 만들어 총 40수의 긴 연시조가 되었다. 그리고 평시조에 없는 후렴구가 반복된 것이 특징이다.

판소리 마당을 보고

잔치에는 판소리가 있어야

우리 동네에 잔치가 열렸다. 아들이 과거에 급제한 이대감 댁에서 잔치를 열었는데 소문난 명창과 고수를 불러 판소리를 하였다. 동네 사람들은 급제한 사람보다 소리꾼과 고수가 벌일 판소리 공연에 더 관심이 많았다.

이번 공연은 〈춘향가〉였는데 소리꾼도 소리꾼이려니와 고수가 추임새를 잘 넣기로 유명했다. 정말 한번도 앉지 않고 서서 노래 부르는 소리꾼은 지쳐 보이다가도 앉아서 북 치는 북잡이 고수의 추임새 한마디에 불끈 힘이 나는지 끝까지 신명나게 노래 불렀다.

소리꾼의 빠른 소리 느린 소리, 창과 아니리가 이어지고 부채가 펴졌다 접혔다 할 때마다 같이 웃고 울며 다들 공연에 흠뻑 빠져들었다. 청중이 열심히 듣고 제대로 호응을 보였기 때문에 이렇게 재미났던 것 같다.

그도 그럴 것이 원래 판소리는 일 청중, 이 고수, 삼 명창이라 했다. 청중이 얼마나 호응해 주느냐가 판소리 공연의 성공과 실패를 가른다는 뜻이다. 오죽하면 귀명창이라는 말까지 있겠는가.

길고 긴 이야기를 노래로 부르는 재미있는 판소리, 또 다른 소리판이 벌어지는 날이 얼른 왔으면 좋겠다. 얼쑤!!

– 전라남도 남원에 사는 이한글이 보냄

종합 예술, 판소리로 초대합니다

판소리란 한 사람의 소리꾼이 고수의 북 반주에 맞추어 긴 이야기를 소리(노래)와 아니리(말)로 엮어 발림(몸짓)을 곁들여 청중 앞에서 하는 공연 예술이다. 우리 나라의 여러 음악 언어와 표현 방법, 연극적인 요소를 모두 지닌 종합 예술이다.

조선 중기에는 판소리 12마당이라 하여 〈춘향가〉, 〈심청가〉, 〈흥보가〉, 〈수궁가〉, 〈적벽가〉 외에도 〈변강쇠타령〉, 〈배비장타령〉, 〈옹고집타령〉, 〈강릉매화타령〉, 〈무숙이타령〉, 〈장끼타령〉, 〈가짜신선타령〉이 있었다.

현재 남아 있는 것은 〈춘향가〉, 〈심청가〉, 〈흥보가〉, 〈수궁가〉, 〈적벽가〉 다섯 마당뿐이다. 판소리는 한글로 기록되면서 판소리계 소설이라는 이름을 얻어 우리말의 맛깔스러움을 그대로 전하고 있다.

조선 여성의 삶과 문학

여성의 섬세함과 솔직한 아름다움이 드러난 내간체 문학

17세기 이후 한글이 널리 보급되고, 임진왜란과 병자호란을 겪은 사람들은 할 말이 많아져 긴 글을 많이 썼다.

기록 문학 혹은 수필이라고 할 수 있는 일기, 기행문, 회고록, 궁중 문학, 신변 잡기, 편지 등은 처음에는 한문, 나중에는 순 한글로 쓰였다.

사대부 여성들이 한글로 편지와 기행문, 생활 기록을 쓰는 과정에서 내간체라고 하는 독특한 문체가 나타났다.

내간체에는 일상 체험과 느낌에 대한 솔직함, 여성다운 섬세함이 잘 드러나 있다.

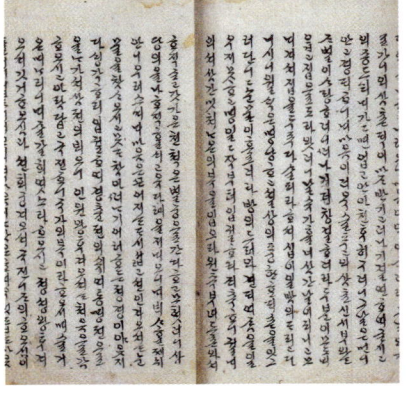

3대 궁중 문학의 하나인 《한중록》

다양한 형식의 작품이 많이 나와

궁중에서 일어났던 역사적 사건을 우아하고 섬세하게 표현한 궁중 문학은 내간체 문학 중에서 대단히 뛰어난 작품이 많다.

3대 궁중 문학으로 꼽히는 것은 《계축일기》, 《한중록》, 《인현왕후전》이다.

이 외에 형식면에서 나눈 한글 수필은 다음과 같다.

일기문으로 된 수필로 〈산성일기〉, 〈화성일기〉, 〈관북유람일기〉가 있다. 기행문으로는 〈무오연행록〉, 내간문으로는 〈우념재수서〉, 〈봉서〉가 있고, 추념문(죽은 이를 기리는 글)으로는 김만중의 〈윤씨행장〉이 유명하다.

제문 형식의 글로는 〈제문〉, 〈조침문〉이 유명하고, 창작 수필로는 〈어우야담〉, 〈규중칠우쟁론기〉가 주요한 작품으로 전한다.

내 생각은 이래요

우리 외삼촌은 시조 잘 짓기로 유명해요.

그래서 지난번에 삼촌이 왔을 때 시조 짓는 걸 가르쳐 달라고 졸랐어요.

막상 배워 보니 시조 짓는 것은 참 쉽고도 재미있었어요. 일정한 글자 수에 맞게 말을 넣으면 되더라고요.

예를 들면 삼촌이 "3" 하면 내가 "아버님", 삼촌이 "4" 하면 내가 "어릴 적에", 이렇게 글자 수를 맞추어 시조를 짓는 거예요. 제가 지은 시조를 한 수 읊어 볼게요.

아버님 어릴 적에 할머님 몰래 보던 소설 책 읽다 보면 "하하 호호" 웃다가 해 저문 줄도 모른 채 소설 속에 푹 빠진다.

어때요? 쉽지요? 여러분도 시조를 지어 보세요. 금방 멋진 시조 작가가 될 수 있답니다.

여성들의 삶을 기록한 내방 문학

우리 조선은 기본적으로 남성 중심의 사회다. 남녀 칠세 부동석이니 부부 유별이니 하는 규범으로 여성을 가정 내에서 남성의 보조자로 살도록 했다. 여성은 정식 교육 기관에서 교육을 받을 수도 없고 사회 생활을 할 수도 없다.

여성은 결혼 후 곧바로 남자 집에서 시집살이를 하게 된다. 제사는 반드시 큰아들이 지내야 한다는 의식이 널리 퍼져, 재산도 큰아들이 물려받았다. 딸들이나 장남이 아닌 아들들은 제사나 재산 상속에서 점점 권리가 없어졌다.

여성은 결혼 후 시집살이를 하면서 친정 식구들이나 친구와 멀어지고, 부엌일, 바느질, 제사 치다꺼리, 손님 접대를 도맡아 하면서, 시집의 대를 이을 아들을 낳고 키우는 것이 가장 큰 역할이 되었다.

정식 글 공부였던 한자 교육에서 소외 받은 여성들이 오히려 한글을 배워 이러한 여성의 슬픔과 한, 남녀 사이의 애정, 힘든 시집살이의 고통을 노래했다.

규중 가사 혹은 내방 가사라고도 하는 이런 가사는 주로 사대부가의 여성이 지은이인 경우가 많았다. 사회에서 소외 받은 여성의 글은 섬세하고 아름다워 읽는 이의 마음을 따뜻하게 한다. 여성의 문학 생활이 빛을 보기를 바란다.

ㅂ 들여다보기

훈민정음의 여섯 번째 글자. 입술의 모양을 본뜬 입술소리 'ㅁ'과 비슷하다. 하지만 ㅁ보다 굳은 소리이기 때문에 'ㅁ'에 두 뿔을 더해서 'ㅂ'을 만들었다.

'밥' 자는 첫소리 ㅂ, 가운뎃소리 ㅏ, 끝소리 ㅂ으로 이루어지는데, 'ㅂ'은 이처럼 첫소리와 끝소리에 두루 쓰인다.

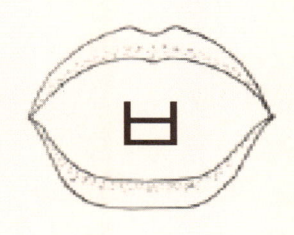

ㅂ

열린 생각 열린 말 _서민 문화를 말하다_

모두 함께 즐기는 문학을 만들어야

임진왜란과 병자호란을 겪은 후, 사람들은 양반들의 능력 없음을 알게 되고 사회 현실에 대해 비판하기 시작했다.

서당 교육이 널리 이루어짐에 따라 백성의 의식과 사회적 지위가 점점 높아져 일반 서민이 문학 예술 활동에 많이 참여하게 되었다.

역관 최씨 요즘은 서민들이 감정을 있는 그대로 드러내거나, 사회의 부정과 비리를 고발하는 문학이나 예술 작품을 많이 만들고 있다고 합니다. 이런 작품에 대한 의견이나 사회 현상에 대해 말씀해 주십시오.

관리 노씨 예전에는 문학 작품의 주인공이 대부분 영웅이었는데, 최근에는 이름 없는 서민이 주인공이거나 현실적인 생활을 내용으로 하는 작품이 많아졌습니다.

상인 정씨 서민 작가들이 많이 나오면서 한글로 쓰인 작품이 많아지고, 운문보다 소설이나 사설시조가 유행하고 있습니다.

역관 최씨 네, 허균이 쓴 〈홍길동전〉은 주인공이 영웅적이지만 그 내용을 살펴 보면 신분 차별을 반대하고 못된 관리를 혼내 주는 내용으로 현실을 날카롭게 비판하고 있습니다.

광대 요즘 인기 있는 한글 소설 〈춘향전〉은 원래 판소리입니다. 양반과 기생의 사랑을 담고 있어 서민들이 많이 좋아하는 작품입니다.

궁녀 사람들 사이에서 내려오던 이야기를 한글 소설로 만든 《사씨남정기》, 《구운몽》, 《장화홍련전》, 《콩쥐팥쥐전》도 사람들이 많이 읽고 있습니다.

저는 개인적으로 남녀 사이의 사랑을 노래한 사설시조를 좋아합니다.

역관 최씨 서민들이 문학 작품을 활발히 쓰면서, 뜻이 맞는 사람들끼리 모여 시사(한시를 짓는 중인들의 모임), 가단(시조창을 하는 모임)을 만들고 같이 즐기기도 한답니다.

정수동이나 김삿갓 같은 풍자 시인은 서민들과 어우러져 활동을 한답니다.

앞으로 한글이 널리 알려지고 좋은 한글 작품이 더욱 많이 나와 양반과 서민이 다 함께 문예 활동에 참여하고 즐길 수 있기를 바랍니다.

한글 소설에는 톡 쏘는 재미가 있다!

한글로 쓰인 진정한 한글 소설은 광해군 때 허균이 지은 〈홍길동전〉에서 시작한다.

임진왜란과 병자호란은 당시 조선 사회의 신분 질서를 크게 흔들어 놓았다. 양반 계층과 서민 계층 모두에서 신분의 개념이 깨졌다. 양반이 서민이 되고 서민이 양반이 되는 일이 잦아진 것이다.

이러한 현상은 서민 계층의 문화 참여와 함께 소설의 황금기를 이루었다. 소설은 몰락한 양반과 서민들의 환상과 꿈, 그리고 시대적 요구를 잘 반영하였다. 그리고 여성들의 읽을 거리로 자리 잡아 소설 속에도 여성의 삶이나 생각이 나타나게 되었다.

눈물과 웃음, 가슴 따뜻한 감동과 톡 쏘는 재미가 있는 한글 소설, 그 속으로 들어가 보자.

하나, 군담 소설

전쟁에서의 영웅적 활약이나 나라를 침략한 다른 나라에 대한 복수를 꿈꾸는 사람들은 군담 소설을 읽어 보자.

종류도 가장 많고, 읽고 나면 마음도 후련해질 것이다.

《임진록》, 《임경업전》과 같은 소설에서는 진짜 전쟁영웅을 만나 볼 수 있다.

둘, 가정 소설

가정에서 일어나는 골치 아픈 문제의 해결책을 원하거나 도움말을 듣고 싶은 사람은 가정 소설을 읽어 보자.

소설 《사씨남정기》, 《창선감의록》, 《장화홍련전》을 읽다 보면 집안에 생긴 문제를 해결할 수 있는 답을 찾을 수 있을 것이다.

셋, 애정 소설

달콤하고 아름다운 사랑을 꿈꾸는 처녀, 총각 여러분은 다음 같은 애정 소설을 읽어 보자. 《춘향전》, 《운영전》, 《구운몽》, 《옥루몽》, 《숙영낭자전》, 《숙향전》에는 슬프고도 아름다운 사랑 이야기가 가득 담겨 있다. 결말이 슬프거나 행복하거나 상관없이 모두 큰 감동을 안겨 줄 것이다.

한글 소설 탄생 후 한문 소설은?

최초의 한글 소설 〈홍길동전〉이 나온 이후 한문 소설은 어떻게 되었을까? 사라진 것일까? 대답은 '아니오' 다. 한문 소설은 한문을 중요시하던 사대부들이 계속 창작하였는데, 개화기 때까지 신문에 연재되기도 했다.

네칸만화

죽은 운영낭자가 너무 불쌍해.

그래도 집에서 쫓겨나는 사씨보다야 덜 불쌍하지.

불쌍한 거로 따지면 장화와 홍련이가 제일이에요.

장화와 홍련이가 누구야? 그리고 운영이는 또 어디 살아? 우리 마을에 언제 그렇게 많은 사람이 이사를 왔대?

에고, 아줌마! 책 좀 보세요!

놀며 배우며

- 최초의 한글 소설은 무엇일까?
- 제일 처음 만든 가사는?

한글에 대한 모든 것 ㅂ신문

이제 글짓기는 한글로!

다아라 박사 한글이 만들어지고 널리 쓰이면서
조선 시대 사람들은 직접 한글로 문학 작품을 쓰기 시작했어요.
〈ㅂ 신문〉에서 관련 기사를 읽어 보았지요?
모르는 내용이 많이 나왔다고요?
손 들고 질문하면 차례대로 설명해 줄게요.

아들 하나, 한글은 언제 어떻게 사람들에게 알려지게 되었나요?
둘, 한글 소설과 한문 소설 중 어느 것이 더 인기가 있었나요?
셋, 한글은 누가 주로 사용하고 전해 주었나요?
넷, 판소리는 어떻게 하는 거예요?
다섯, 작품 속에 나타난 생활 모습이 궁금해요.
여섯, 가사 문학에 대해 알고 싶어요.

다아라 박사 자 자, 조용히 하고! 궁금증을 풀려면 나를 잘 따라 오세요.

☆ 또바기는 이것이 궁금해요 ☆
한글 문학 작품이 만들어진 과정과 조선 사람들은 어떤 글을 썼는지 자세히 알고 싶어요.

한글, 어떻게 쓰기 시작했을까?

학교에서 여러 과목을 배우는데 그 중 외국어로는 영어를 많이 배우지? 그렇다고 모든 글을 영어로 쓰는 건 아니야. 숙제로 영어 일기나 편지를 쓰기는 하지만 보통 한글을 많이 쓰잖아. 그런데 조선 시대에는 한자를 더 많이 썼어. 한글은 아직 새로운 글자였으니까. 요즘처럼 한글을 쓰다가 영어를 배우는 것이 아니라, 한자를 쓰다가 한글을 배우게 된 거야.

한글이 만들어지고 나서 200여 년 동안 사람들은 한글을 어떻게 배우고 어디에 사용했을까? 조선 시대의 자료를 찾아 궁금증을 풀어 보자.

첫 번째 궁금증 조선 시대 아이들은 서당에서 어떤 책으로 공부했을까?

여기에 대한 해답을 찾기 위해 먼저 조선 시대의 서당으로 가 보아요. 요즘의 초등학교와 같은 곳이지요.

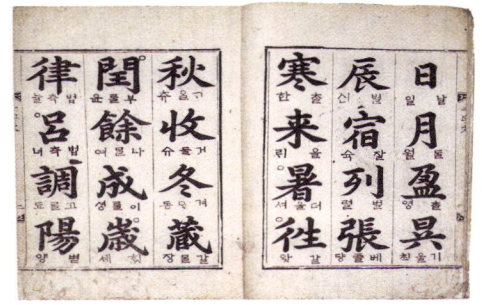

《천자문》

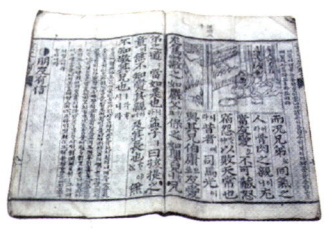

《동몽선습》

조선 시대 서당에서는 교과서로 사용되었던 《천자문》과 《동몽선습》으로 한문을 주로 배우고, 한글은 한문을 배우기 위한 수단으로 사용했어요. 서당에서 한글을 사용하기는 하지만 적극적으로 가르치지 않았다는 걸 알 수 있어요.

서당에서 배우는 책	
제 목	내 용
천자문	기본이 되는 천 개 한자.
동몽선습	오륜, 중국 역사와 한국 역사에 대해 적어 놓은 책.
소학	소년들이 배움으로 변화할 수 있다는 내용을 모아 만든 책.
사서삼경	사서 : 《대학》, 《논어》, 《맹자》, 《중용》 삼경 : 《시경》, 《서경》, 《주역》

★ **오륜** 부자유친(부모와 자식 사이에는 친함이 있어야 한다), 군신유의(임금과 신하 사이에는 의리가 있어야 한다), 부부유별(부부 사이에는 구별이 있어야 한다), 장유유서(어른과 아이 사이에는 차례가 있어야 한다), 붕우유신(친구 사이에는 믿음이 있어야 한다)

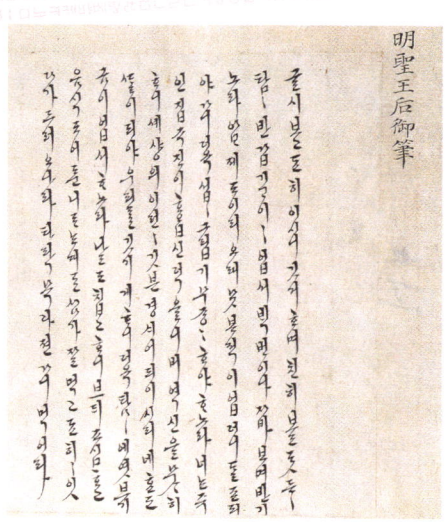

《한글 편지》

두 번째 궁금증 한글은 누가 가르쳤을까?

다음 편지를 읽어 보아요.

> 자식다란 여러히 갓사오니 우연이 쇼란히 너기압시거나 하압노이다. 아아 자식 둘란 게 갓삽난 제 언문 가라쳐 보내압쇼셔. 슈고룹사오만 언문 가라치압쇼셔. 하압기 젓사와 하압다가 알외압노이다.
>
> 〈곽씨 언간 2〉
> 곽주가 장모 합산댁에게

자료 1

> 가온더 아기 언문 쾌히 배홧다가 버게 뵈라 하소. 셋재 아기도 이제난 쾌히 셩하여 이실 거시니 언문 외와싯다가 뵈라 니라소.
>
> 〈곽씨 언간 36〉
> 곽주가 부인 하씨에게

자료 2

위에 있는 두 편지는 조선 시대에 언간이라고 불리던 것이에요.
자료 1은 곽주라는 사람이 장모님께 보낸 편지인데 외가에 간 아이들에게 언문을 가르쳐 달라고 부탁하고 있어요. "자식들이 거기에 간 김에 언문을 가르쳐 보내 주십시오. 수고스럽지만 언문을 가르치십시오. 말하기 조심스러워하다가 이렇게 아뢰옵니다."라고 조심스럽게 부탁하는 내용이에요.
자료 2는 곽주가 부인 하씨에게 보낸 편지예요. "가운데아이에게 언문 빨리 배워 내게 편지 보내라 하시오. 셋째 아이도 이제 건강할 것이니 언문 외워서 편지 보내라 이르오." 하는 내용으로 아이들이 언문으로 아버지에게 편지를 쓰기도 했음을 보여 주고 있어요.
곽주가 편지 끝에 쓴 날짜로 보아 1612년에 해당해요. 이 때는 훈민정음이 만들어진 지 166년 후이지요.

자료를 통해 알 수 있는 사실

하나, 당시의 사대부 여자들은 한글을 잘 알고 사용했어요.
둘, 양반집 아이들은 어릴 때 한글을 배웠어요.
셋, 아이들의 한글 교육을 중요하게 생각했어요.
넷, 한글 교육은 집에서 부녀자들이 맡았어요.

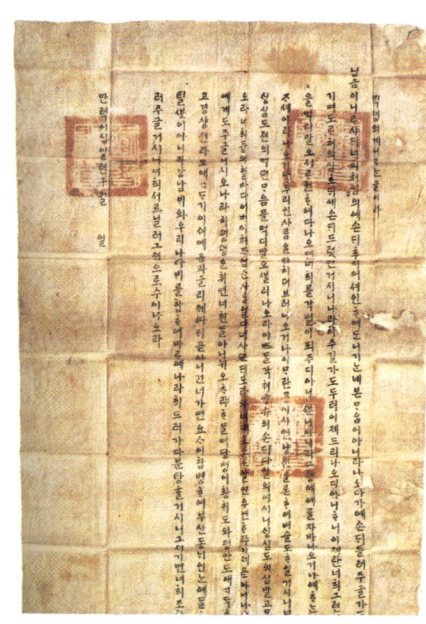

《선조의 한글 교서》

세 번째 궁금증 어떤 문서에 한글을 사용했을까?

나라에서 문서를 쓸 때 한글을 사용했다면 더 많은 사람이 한글을 배우지 않았을까요? 한글로 작성된 문서를 찾아 보아요.

자료 1 1472년 성종의 한글 교서
 – 《조선왕조 실록》에 기록된 최초의 한글 교서예요.
 – 검소하게 살라는 내용이에요. (지금은 그 본문이 남아 있지 않아요.)
 – 지방까지 한글을 알리게 되었어요.
자료 2 1593년 선조의 한글 교서 '백성에게 이르는 글'
 – 임진왜란을 피하기 위해 산골 깊숙이 숨어 버린 백성들에게 다시 살던 곳으로 돌아와 생업을 돌보라는 임금의 간절한 바람이 담겨 있어요.
자료 3 1675년 숙종 때, '한글을 사용한 문서는 처리하지 않는다'는 규정이 만들어져 한글을 사용한 문서의 수가 줄었어요.

자료를 통해 알 수 있는 사실

하나, 나라에서 백성에게 알리거나 백성을 다스리기 위한 글에는 주로 한글을 썼어요.
둘, 개인이 공문서를 쓸 때는 한글을 거의 쓰지 않았고, 집안에서 생활하면서 글을 쓸 때는 한글 문서를 사용하였어요.

한글 소설과 한문 소설의 힘 겨루기 한 판!

우리 나라에서 맨 처음 나온 한문 소설은 김시습이 지은 《금오신화》이고, 최초의 한글 소설은 허균의 《홍길동전》이야. 한글이 많은 사람에게 알려지지 않았을 때 한문으로 소설을 쓴 것은 이해가 가지만, 많은 사람이 한글을 알고 쓰는데도 한문 소설이 나온 이유는 뭘까? 그리고 사람들은 한글 소설과 한문 소설 중 어떤 것을 더 좋아했을까?

한문 소설의 대표적인 작가 박지원과 한글 소설의 대표적인 작가 김만중의 가상 토론 대회를 통해 어떤 소설이 더 많은 사랑을 받았을지 따져 봅시다. 자, 첫 판을 시작합니다!

김만중 (1637~1692) 사씨남정기

박지원 (1737~1805) 虎叱(호질)

우리 문학은 반드시 한글로 써야 합니다.

김만중

내가 쓰는 소설은 사대부 지식인층이 반성하기를 바라는 내용이 많습니다. 그러니 그들이 주로 사용하는 한문으로 소설을 쓰는 것이 더 낫지요. 에헴!

박지원

한문으로 써야 그들의 마음을 움직일 수 있습니다.

사람의 말에는 그 사람의 생각이 담겨 있지 않습니까?

우리 나라 사람의 마음을 움직이려면 많은 사람이 읽을 수 있는 한글이 더 효과가 크다고 생각합니다.

첫 판은 독자를 생각해 한글을 써야 한다는 김만중 작가가 이겼습니다. 둘째 판은 내용에 대한 토론입니다.

어험!!

한문 소설은 대부분 주인공이 태어나서 죽을 때까지의 이야기이기 때문에 특히 신비로운 내용이 많습니다.

한글 소설은 몰락한 양반이나 서민들의 꿈을 다루고 있어, 자신이나 가까운 사람들의 이야기처럼 재미있게 읽을 수 있습니다.

생활에서 겪는 일을 그대로 소설로 읽으면 무슨 재미가 있겠소?

생활을 그대로 쓴 것은 아니지요. 너무 과장되거나 거짓된 이야기를 하지 않는다는 것입니다.

내용이야 읽는 사람에 따라 좋고 싫음이 다르지 않겠습니까?

둘째 판은 독자마다 좋아하는 이야기가 각각 다를 수 있으니까 무승부! 자, 셋째 판을 시작합니다.

한문 소설은 글을 쓸 때만 사용하는 한문 문어체로 되어 있어서 품위가 있고 격식도 잘 갖추어져 있지요. 또 아주 아름답기도 하고요.

한글 소설은 보통 한 사람이 읽고, 여러 사람이 둘러 앉아 그것을 듣는 형식으로 읽었기 때문에, 운율이 있는 운문체로 되어 있습니다. 그래서 읽기 편하고 알아 듣기 쉽습니다.

소설이란 교양을 높이고 사람의 생각을 변화시킬 수 있어야 합니다. 그러니 품위 있는 문어체를 사용해야 합니다.

소설은 우선 재미가 있어야 한다고 생각합니다. 여러 사람이 즐길 수 있고, 아름답게 꾸미기보다는 정확하고 이해하기 쉽도록 그림을 그리듯 써야 하는 겁니다.

두 분이 소설을 읽는 목적을 다르게 생각하셔서…, 판정을 내릴 수가 없군요. 넷째 판은 작품의 주제를 가지고 토론합니다.

한문 소설의 주제 속에는 신비스러운 것과 사회 비판적인 것이 섞여 있습니다. 소설의 무대는 중국과 조선을 둘 다 다루는데 중국인 경우가 많습니다.

한글 소설의 주제는 유교의 영향으로 착한 사람은 복을 받고, 악한 사람은 벌을 받는다는 교훈적인 내용이 많습니다. 무대는 주로 조선입니다.

한문 소설은 주제면에서 독자의 관심을 많이 끌었습니다. 이번 판은 박지원 작가가 이겼습니다. 다섯째 판, 작품의 다양성을 보지요.

한문 소설은 중국 전기 소설의 영향을 받았습니다.

한글 소설은 크게 창작 소설과 설화 소설, 판소리계 소설로 나누어 볼 수 있습니다. 전쟁, 사회, 애정, 풍자, 가정 등 소재도 형식만큼 다양하고 풍부합니다.

소재나 형식의 다양성으로 보면 한글 소설이 크게 우수합니다. 이번 판은 김만중 작가가 이겼습니다.

토론을 종합해 보면, 한글 소설은 모든 사람이 즐길 수 있는 문학입니다.

많은 사람이 읽고 즐길 수 있었던 한글 소설은 사실적인 다양한 내용을 담았고, 여러 형식으로 쓰여 한문 소설보다 더 많이 사랑을 받았습니다.

좋지요

이제 식사나 하러 가시죠

여자들이 한글을 더 많이 썼다고?

다아라 박사 ── 옛날 사람들의 생활을 알 수 있는 이야기 하나 들려 줄까?

또바기 ── 와, 좋아라. 얼른 해 주세요!

다아라 박사 ── 옛날 옛날에 주영이라는 여자가 있었단다.

옛 이야기 속으로

주영이는 내간체로 쓴 〈조침문〉을 읽고 있었습니다.

내간체란 옛날 여자들 사이에 오가던 편지의 글체를 말합니다.

'남편을 잃고 자식도 없는 유씨 부인이 생활비를 벌기 위해 바느질을 열심히 하는데 그만 아끼던 바늘이 부러져 버렸네. 유씨 부인은 안타까운 마음에 부러진 바늘에게 저승으로 잘 가라는 글을 썼다네.'

"어쩜 이리도 절절한 마음이 잘 드러나게 썼을까!"

주영이는 바늘을 친구처럼 여기며 아끼는 유씨 부인을 생각하며 눈가에 맺힌 눈물을 닦았습니다. 그러자 자신을 보고 싶어할 친정부모님이 떠올랐습니다.

"친정 부모님께 편지를 써 보내 드려야지."

주영이는 한지에 버선 모양을 그리고 가위로 오렸습니다. 큰 버선본은 아버지, 작은 버선본은 어머니 것입니다.

버선본 안에 선이 곧고 단정한 글씨인 궁체로 글을 써 넣었습니다.

궁체는 주로 궁중 나인들이 썼기 때문에 생겨난 이름입니다.

'보잘것없는 종이에 아버님, 어머님 버선본을 만들었습니다.

이 본에 맞게 버선을 만들어 신으시고 두 분 오래오래 사세

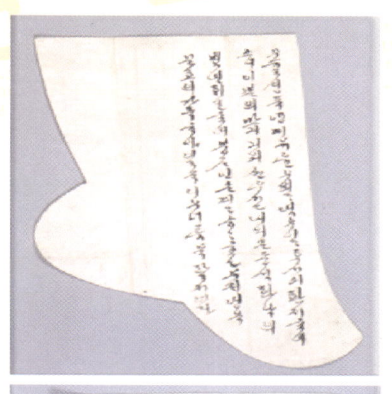

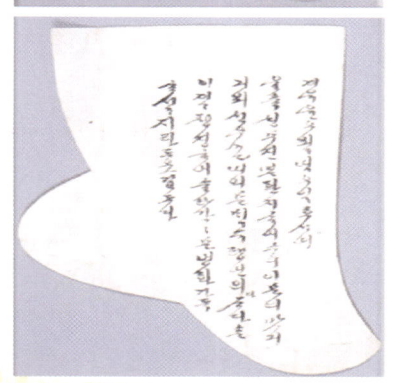

《버선본에 쓴 한글 편지》

요. 친척 분들과 이웃 분들 모두 잘 지내시길 바랄게요.'

　주영이는 버선본을 봉투에 넣어 부모님이 계신 곳으로 보냈습니다.

 버선본이라! 멋진 편지지인데요? 그런데 박사님, 여자들이 주로 써서 내간체라고 했다는데 글에 여자 글 남자 글이 따로 있었나요?

다이라 박사 　한글은 서민의 글이라고 해서 양반이나 남자들은 거의 사용하지 않았단 다. 대신 궁궐에 사는 궁녀나 집안에 있는 부녀자가 주로 배워 사용하였지.

 궁체는 궁궐에서 쓰는 글자 모양을 두고 하는 말 같은데, 보통 백성들도 사용하지 않았나요?

다이라 박사 　궁녀들이 쓰는 글씨체가 멋있고 아름다워 보통 여자들도 차츰 따라 쓰 게 되었지.

 그러니까 조선 시대의 여자들은 한글로 된, 내간체의 문학 작품들을 궁 체로 써서 남겼군요. 한글이 남자들이랑 양반들에게 외면 당했다는 사실 이 잘 이해가 가지 않아요. 그래도 예전 어머니들이 지금처럼 자녀 교육 에 열심이었고, 그 덕분에 아이들이 한글을 공부할 수 있었다는 사실이 가장 기억에 남아요.

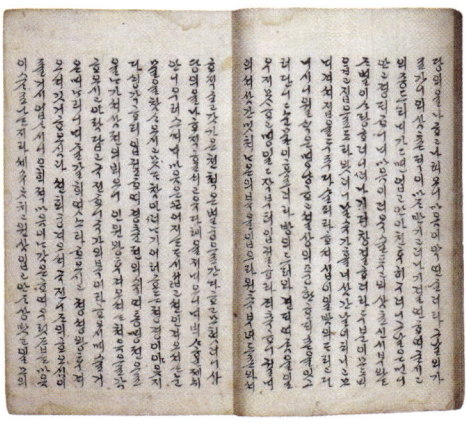

《한중록》
사도세자의 부인이자 정조의 어머 니인 혜경궁 홍씨가 지난 날을 돌 이켜보며 적은 글.

다이라 박사의 암호문 풀이

내간체란?
　한글이 만들어지자 여자들은 집안에서 한글을 공부하였어요. 조선 시대에는 여자 를 서당에 보내지 않았기 때문에 배우기 쉬운 한글을 익혀 사용했어요. 한글이 '암 클' 이란 이름을 얻게 된 것도 이 때문이에요. 조선 시대 여자들은 한글로 멀리 있는 친정이나 친구들, 친지들에게 편지를 썼어요. 그래서 여자들만의 부드럽고 섬세한 특성을 지닌 '내간체' 가 생겨났어요. 내간체는 문장을 쓴 사람이 주로 여자였기 때 문에 부드럽고 진솔하게 써 내려가 부드럽고 정다운 느낌을 주지요.

궁체란?
　주로 궁중 나인들이 썼기 때문에 '궁체' 라는 이름이 붙었어요. 한글이 처음 만들 어졌을 때, 많은 사람에게 알리려고 목판본을 제작하여 만든 서체가 판본체예요. 한 자의 모양에 어울리는 가로 세로가 일정한 판본체를 궁녀들은 한글 글씨 모양에 알 맞게 새로운 틀로 다듬었지요.
　궁녀들이 처음 궁궐에 들어오면 견습 나인이라고 불렸는데, 이들은 선배 상궁에게 한글 글씨 쓰기를 필수적으로 배웠어요. 견습 나인은 매일 글씨 연습을 했지요.
　궁녀들은 배운 한글을 왕비나 왕대비, 공주의 글을 대신 쓰거나 자신들의 문안 편지를 보낼 때 썼어요. 궁체는 글씨의 선이 곧아서 단정하고 아담한 느낌을 줘요. 글 솜씨가 뛰어난 궁녀들은 궁궐에서 일어난 사건들을 글로 써서 뛰어난 궁중 문학 을 남기기도 했어요.

판소리 소설에는 우리말이 듬뿍?

판소리는 '사람들이 많이 모인 장소에서 하는 소리'라는 뜻으로 문학과 음악이 어우러져 만들어진 종합 예술이야. 소설로 자리 잡으면서 맛깔스러운 우리 옛말의 느낌을 고스란히 전해 주고 있지. 판소리 소설에 담겨 있는 우리말의 맛을 느껴 보자.

판소리는 일정한 줄거리를 가진 이야기를 노래(창)와 말(아니리)로 엮어 공연하는 것이에요.

먼저 우리가 잘 아는 《심청전》을 판소리로 만들어 볼까요?

심황후는 이를 듣고 울다가, 아버지인 줄 알고 버선발로 뛰어내려온다.

아버지, 내가 인당수에 빠져 죽었던 심청이오.

심 봉사, 깜짝 놀라

이게 웬말이냐?

얼쑤~

심 봉사 눈을 뜨자, 모였던 맹인들이 모두 눈을 뜬다.

소설을 노래와 말로 나누어 판소리를 만들었지만 흥이 나지 않죠? 이 판소리를 듣고 쓴 소설은 아래와 같아요.

심청은 황후가 된 다음에도 아버지를 걱정하다가 전국의 맹인들을 모아 잔치를 벌인다. 심 봉사는 맹인 잔치에 참석하여 딸을 만나고 그 자리에서 눈을 뜬다.

소설을 판소리로 만들어 부른 후, 다시 소설로 옮겨 썼지만 별로 달라진 곳이 없어요. 말의 재미를 살리는 다양한 어휘도 나오지 않았어요.

보길도에서 윤선도를 만나다

또바기   보길도에서의 사계절을 노래한 〈어부사시사〉로 유명한 윤선도 선생님을 아니?

  고산 윤선도 선생님이 50세 되던 1636년, 조선과 청나라의 싸움인 병자호란이 일어났어. 선생님은 고향인 해남에서 의병을 일으켜 강화도로 향했지만 강화도가 이미 적의 손에 넘어 가고 임금은 남한산성에서 청나라에 항복했다는 소식을 들었지. 비통한 심정을 참지 못한 선생님은 제주도로 가던 중 거센 파도를 피해 가다 보길도에 다다르게 되었다고 해.

  이제 우리도 보길도로 떠나 볼까?

윤선도가 살았던 보길도의 낙석재

세연정 앞에서 윤선도를 만나다

또바기   안녕하세요. 이곳 경치가 무척 아름답네요! 선생님께서 생활하시는 곳은 어디인가요?

윤선도   저는 연꽃이 피어오르는 모양을 한 골짜기에 지어진 낙석재에 살고 있습니다. 이곳에 계속 살기로 한 것도 아름다운 경치에 반했기 때문이지요.

또바기   연꽃이 피어오르는 모양의 골짜기라! 역시 선생님의 말은 곧 시가 되는군요. 또 세연정이란 곳이 있다지요. 세연정에서는 주로 무슨 일을 하시나요?

윤선도   화살을 쏘는 연습을 하거나 책을 보며 시를 읊기도 합니다. 보길도는 남쪽이지만 섬이어서 바람이 많이 불고 추운 날도 많아요. 하지만 세연정은 가운데 온돌이 깔려 있어 불을 지피면 따뜻하답니다. 사방의 창호문을 닫으면 포근한 방이 되지요.

세연정

또바기　늘 자연과 함께 하고자 하시는 선생님의 정신과 생활이 일치하는군요. 꾸밈 없이 자연스럽고 소박한 느낌이 드는 〈어부사시사〉는 모두 몇 편의 연시조인가요?

윤선도　어부의 봄, 여름, 가을, 겨울의 생활을 10수씩 노래한, 모두 40수의 연시조입니다. 사람들의 모습, 자연의 모습을 시조로 쓰다 보면 우리글이 있어 정말 좋구나 하고 한글에 대해 감사한 마음이 듭니다.

또바기　선생님의 시조를 읽다 보면 자연도 아름답고 한글도 아름답다는 것이 저절로 느껴지는군요. 좋은 말씀 감사합니다.

〈어부사시사〉가 쓰여 있는 돌

★ 윤선도의 어부사시사 감상하기(일부예요)

봄 1	압개예 안개 것고 뒷뫼희 해 비췬다 배 떠라 배 떠라 밤믈은 거의 디고 낟믈이 미러 온다 지국총 지국총 어사와 강촌 온갓 고지 먼 빗치 더옥 됴타.	여름 1	구즌 비 머저가고 시낻믈이 맑아 온다 배 떠라 배 떠라 낫대랄 두러 메니 기픈 흥을 금 못 할되 지국총 지국총 어사와 煙江疊嶂(연강첩장)은 뉘라셔 그려 런고.
가을 1	物外(물외)에 조흔 일이 어부 생애 아니러냐 배 떠라 배 떠라 漁翁(어옹)을 욷지 마라 그림마다 그렸더라 지국총 지국총 어사와 두어라 四時佳興(사시가흥)이 한가지나 가을강이 웃듬이라.	겨울 1	구룸 거둔 후의 햇빈치 두텁거다 배 떠라 배 떠라 天地閉塞(천지폐색)호대 바다흔 依舊(의구)하다 지국총 지국총 어사와 가업슨 믉결이 깁편 닷하여 잇다.

★ 또바기의 어부사시사 따라하기

봄	안개가 걷힌 강에 해 비치면 배 띄워요 배 띄워요 강물은 밀려 갔다 밀려 오고 찌거덩 찌거덩 어여차 강마을 꽃들을 멀리서 보니 더욱 아름답네요.	여름	궂은 비 멈추니 시냇물이 더욱 맑아요. 배 띄워요 배 띄워요 낚싯대를 둘러 메니 노래가 저절로 나오고 찌거덩 찌거덩 어여차 누가 그렸는지 자연이 무척 아름답네요.
가을	어부의 생활은 세상과는 멀리 떨어져 있어요. 배 띄워요 배 띄워요 어부는 늙었어도 실력은 여전하고 찌거덩 찌거덩 어여차 사계절 중에서 가을 강이 가장 아름답네요.	겨울	구름 지나가면 햇볕이 더욱 따스해요 배 띄워요 배 띄워요 하늘과 땅이 추워졌지만 바다만은 그대로이고 찌거덩 찌거덩 어여차 끝없는 물결이 비단처럼 아름답네요.

양반과 서민, 모두 즐기는 가사 문학

조선전기

아, 답답해. 시조 45글자로는 이 느낌을 다 표현할 수가 없네요. 봄의 아름다운 풍경을 마음껏 노래하고 싶군요.

정극인

댁도 그러시오? 나도 자연과 하나된 듯한 내 마음을 3·4조의 운율에 담아 마음껏 노래하고 싶소이다.

송순

이 아름다운 경치를 자세히 적어 그리운 부모님과 임금께 보내 드리면 좋겠소이다.

백광홍

많은 내용을 억지로 45자로 줄이려 하지 말고 길게 쓰구려.

정철

그리하면 그게 어디 시조요? 산문이지.

정극인

옳거니. 그리하면 되겠군.

답답한 마음을 풀어 볼 좋은 수가 있습니까?

3·4조만 살려서 쓰고 싶은 대로 길게 쓰면 될 것 아니오. 아하하.

내용은 여행이나 일기처럼 수필에 가깝게, 형식은 시조처럼 3·4조를 지키자는 말씀 이시군요.

이래서 생겨난 것이 '가사'야. 내용은 산문인데 형식은 운문이지.

이제 가사가 누가 즐기던 문학인지 알아 볼까?

조선 후기

양반

선조 때 허전은 '나라 일 하는 사람들, 싸우지들 마소.'라고 읊었고, 박인로는 왜적을 향하여 '싸움만 일삼은 왜적들아, 평화를 사랑하는 조선인을 본받거라!' 하고 읊었다오. 이처럼 가사는 양반들이 즐기던 문학이오.

서민

친정 어머니들은 시집 가는 딸에게 시댁 어른 모시기와 남편을 대하는 자세를 가사로 적어 알려 주었습니다. 그러니 서민들의 문학이지요.

김인겸

일본 여행 후 풍경을 가사로 읊었다네. 그러니 가사가 양반 문학 아니겠는가?

결혼한 딸

시집살이의 힘겨움과 서러움, 외로움을 가사로 적어 달랜답니다. 가사야 당연히 서민 문학 이지요.

선비

고종 황제 때 홍순학은 북경을 여행하고 '넓은 천지가 놀랍구나!' 하고 가사를 썼다오.

사대부 여인

'세시 풍속을 적어 잊지 말고 지키세.'란 가사가 없다면 어찌 이를 알고 지킬 수 있을까요? 가사는 역시 서민 문학입니다.

동네 처자들

봄날의 꽃들이 너무도 아름답네.

부녀자들의 힘겨운 생활과 심정을 노래한 가사가 많아. 여행을 통해 보고 들은 내용의 가사도 많고.

조선 후기의 가사는 내용이 길어져 산문에 더 가까워지고, 양반뿐아니라 부녀자들도 많이 즐기는 양반과 서민, 모두의 문학이 되었다는 걸 알겠지?

11

한글을 지켜라

빔프로젝터에서 하나의 그림이 커다랗게 나타났습니다.

하지만 아무리 생각해 보아도 낯설게만 느껴지는 모양이었습니다.

갑자기 교실문이 열리더니 영어 선생님이 들어왔습니다.

"교장 선생님, 언어 연구소에서 공문이 와 있습니다."

"알았습니다. 그런데 왜 영어 선생님이 그걸 전하러 오셨는지요?"

"하하, 이제 공문이 다 영어로 작성되잖아요. 그래서 제가 선생님들에게 공문의 내용을 설명해 드려야 할 것 같아서 모두들 모이라고 했습니다. 교장실에서 기다리고 있는데 지금 가시겠습니까?"

교장 선생님은 과학자 바차름을 보며 의견을 물었습니다.

"어떻게 자료 수집을 계속하실 겁니까? 언어 연구소라면 한글 자모 찾기 특별 수사 팀의 한 분인 강새암 문자 박사가 계신 곳이지요? 무슨 단서라도 찾았다는 소식일지 모르니 같이 가

보는 것도 좋을 것 같은데요."

과학자 바차름은 빔프로젝터를 들여다보다가 한숨을 내쉬고는 교장 선생님을 따랐습니다.

교장실의 멀티 스크린에는 강새암 문자 박사가 보낸 메일이 커다랗게 띄워져 있었습니다.

"강새암 박사는 천재이십니다. 그 짧은 시간에 이렇게 훌륭한 글자를 만들어 내다니! 정말 대단하십니다."

"영어 선생님, 흥분하지 마시고 찬찬히 메일 내용을 설명해 보세요."

교장 선생님은 영어 선생이 못마땅하다는 듯 나무라는 목소리로 말했습니다.

"네, 그러지요. 이제 걱정이 사라졌습니다. 학생들을 가르칠 문자가 생겼습니다. 위대하신 강새암 박사가 새 문자를 만드셨습니다. 아주 쉽고 빠르게 배울 수 있는 문자입니다. 선생님들은 익히는 데 한 시간도 걸리지 않을 겁니다."

"허허, 그 새로운 문자란 걸 설명해 보라니까……."

"아, 네. 제가 너무 기쁜 나머지 흥분을 해서……. 여길 보십시오. 영어 자음에 한글 모음을 합쳐 만든 새로운 문자입니다. S에 ㅔ를 합쳐서 Sㅔ, G에 ㅡ와 R를 합쳐서 GR, Z에 ㅏ를 합쳐서 Zㅏ, 말로 하면 새 글자라고 읽으면 됩니다."

갑자기 과학자 바차름이 벌떡 일어났습니다.

"뭐라고요? 그럼 그걸 강새암 박사가 보냈다는 말입니까?"

"네, 그럼 이런 놀라운 일을 할 사람이 우리 나라에 또 누가 있겠습니까?"

영어 선생님의 말이 다 끝나기도 전에 과학자 바차름은 밖으로 뛰어나갔습니다.

역사학계의 가상 현실 프로그램 실험실로 팔랑새 기자가 뛰어 들어왔습니다.

"연락을 받고 바로 달려왔어요."

"팔랑새 기자, 강새암 박사에게 이리로 온다는 말 하지 않았죠?"

"네, 그런데 무슨 일이 생겼나요?"

"우선 한들과 날쌤 형사를 돌아오도록 해야겠어요. 그런 후에 차근차근 설명할게요."

둘은 서둘러 타임 캡슐이 있는 곳으로 갔습니다. 그런데 타임 캡슐 안은 텅 비어 있었습니다.

한들과 날쌤 형사는 정신없이 검은 그림자를 뒤쫓아 달렸습니다. 앞서가던 검은 그림자가 갑자기 멈춰섰습니다. 그리고 주위를 둘러보더니 한 초가집으로 쏙 들어갔습니다.

"따라 들어가야지요?"

"여기까지 왔는데 당연하지."

초가집 안에는 다섯 명의 사람들이 둘러앉아 있었습니다.

"그건 가져왔나?"

"네, 여기 있습니다."

검은 그림자가 품안에서 한지를 꺼내 펼쳤습니다. 하지만 방안이 어두웠기 때문에 뒤에 숨어서 지켜보는 한들과 날쌤 형사에게는 한지 위의 글이 보이지 않았습니다.

"음, 세종대왕이 새로운 글을 만들고 있다는 것이 사실이었군."

"안 됩니다. 이건 막아야 합니다."

"막아야지, 막아야 하고 말고. 작은 나라 조선이 새 글을 만든다면 중국이 가만히 있겠나. 세종대왕이 나라를 망치려는 게 아니라면 어찌 이런 일을 한단 말인가!"

검은 그림자들은 잠시 말을 멈추고 무언가를 궁리하는 듯했습니다.

"저런, 저런! 어떻게 저렇게들 생각하는 거야. 저리 생각이 좁으니 한글이 생기고도 500년 가까이 제대로 발전이 되지 않았지!"

"그러게 말이에요. 정말 이해를 할 수 없군요. 가만, 저들이 또 무슨 얘기를 하는데요."

검은 그림자들은 낮은 목소리로 심각하게 다시 말을 하기 시작했습니다.

"집현전에서도 아직 세종대왕이 새로운 글을 만들고 있다는 걸 모른단 말이지."

"네, 그렇습니다. 그러니 슬쩍 정보를 흘리고 우리와 뜻을 같이 하는 학자들을 모아 새 글을 반대하도록 우리 결사대에 가입하라고 하지요."

"조심해서 진행해야지. 집현전 학사 중 우리와 뜻을 같이 하는 사람이 있으면 뒤에서 돕도록 하세. 그래도 세종대왕의 신하인데 우리 결사대에 가입하라고 하면 역효과가 날지도 모르니까 말이야."

한들과 날쌤 형사가 검은 그림자들의 대화를 들으며 분개하고 있을 때, 뒤에서 검은 그림자 하나가 슬그머니 다가왔습니다. 그리고 긴 목검을 들어 날쌤 형사의 뒷목을 내려쳤습니다. '윽' 하는 소리에 한들이 옆을 돌아볼 사이도 없이 목검은 한들의 뒷목도 '딱' 하고 내려쳤습니다.

— 〈ㅅ 신문〉에서 계속

꼬불꼬불
길 찾기

ㅂ을 찾아라

길이 갈라지는 곳에서 ㅂ에 대한 정보가 있는 쪽으로 따라가 ㅂ을 찾아 보세요.

출발

비윽

비읍

미음보다 부드러운 소리

미음보다 굳은 소리

성질은 불

성질은 흙

가운뎃소리

된소리

계절은 늦여름

계절은 가을

겹쳐 쓰면 된소리

입술 소리

낭의 첫소리

불의 첫소리

'밥' 자의 끝소리

유성음

'밥' 자의 끝소리

ㅂ

정답은 86쪽에 있어요.

알쏭달쏭 알고 싶어요

시조 놀이 어떻게 할까요?

옛날에 아이들은 시를 외우며 노는 시조 놀이를 했어요. 이 놀이의 이름은 '화가투' 또는 '가투'라고 해요. 언제부터 시작하였는지는 알 수 없지만 아이들이 시 구절을 외우거나 익히는 데 도움을 주는 유익한 놀이랍니다.

■ **놀이 방법**
① 두꺼운 종이의 한쪽 면에 각 시조의 초·중·종장을 따로 놓고, 첫 글자는 크게, 나머지 글자들은 작게 써 넣어요.
② 놀이가 시작하면 시조의 초·중·종장을 써 넣은 여러 패를 글자가 보이도록 바닥에 펼쳐 놓아요.
③ 주장이 된 아이가 패를 보면서 먼저 시조의 초장을 읊으면 다른 아이들은 그 시조의 중장과 종장이 있는 패를 찾아요. 먼저 찾아 낸 아이가 그 패를 자기 것으로 해요. 패를 가장 많이 찾은 아이가 다음 번 주장이 되기로 해요.

➡ 패를 만들어 아는 시조들을 써 넣고 시조 놀이를 해 보아요. 시조는 우리 고유의 시로, 그 짜임이 일정한 규칙이 있어요. 다음 시조를 보면서 규칙을 알아 보아요.

■ **시조 짓기 틀로 시조 연습 → 조선 시대 문신 남구만의 시조를 예로 들어 봅니다.**

초장	동창이	밝았느냐	노고지리	우지진다
	❸자	❹자	❹자	❹자
중장	소 치는	아이는	상기 아니	일었느냐
	❸자	❸자	❹자	❹자
종장	재 너머	사래 긴 밭을	언제 갈려	하나니
	❸자	❺자	❹자	❸자

■ **규칙**
㉠ 3장(초장·중장·종장) 6구 45자 안팎의 기본 형태에서 각 구절에 약간의 글자 수는 다르게 할 수 있어요.
㉡ 종장의 첫 구 3자는 절대로 변하지 않아요.
㉢ 종장의 둘째 구는 5자 미만은 안 되고 5자(5~7자) 이상만 가능해요.

➡ 시조 짓기 틀에 맞춰 시조를 지어 보아요.

■ **시조 짓기 틀**

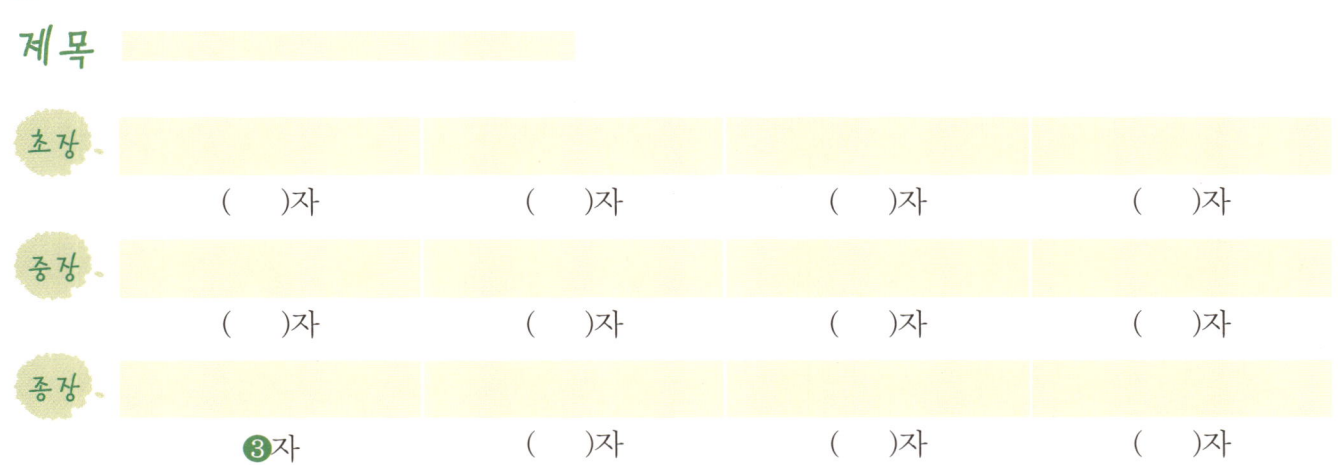

계목			
초장			
( )자	( )자	( )자	( )자
중장			
( )자	( )자	( )자	( )자
종장			
❸자	( )자	( )자	( )자

우리말 지킴이가 되고 싶거

한글은 우리 나라를 빛내 주는 소중한 우리 문화 유산이에요. 이러한 한글이 요즘 푸대접을 많이 받고 있어요. 우리 모두 자랑스런 우리말 지킴이가 되어서 한글을 아끼고 사랑합시다. 자, 다음 문제들을 풀어서 우리말 지킴이가 돼 보아요.

오늘은 ㅂ으로 시작하는 답을 맞히는 3단계 놀이를 하려고 합니다.
3단계를 다 맞힌 분에게는 맛있는 부각을 드리겠습니다.
자, 그럼 시작해 볼까요?

ㅂ으로 시작하는 낱말 수수께끼 문제입니다.
보기를 보고 알아맞혀 보세요.

하나, 발도 없이 온 세상을 돌아다니는 것은 무엇일까요?
둘, 불인데 타지도 않고, 뜨겁지도 않고, 바람이 불어도 꺼지지 않는 불은 무엇일까요?
셋, 귀 하나로 일하는 것은 무엇일까요?

보기 반딧불이   바늘   바람

ㅂ으로 시작하는 속담 문제입니다.
보기를 보고 알아맞혀 보세요.

하나, 친한 사람끼리 항상 서로 붙어 다니게 된다는 뜻의 속담은 무엇일까요?
둘, 일이 안 되게 훼방을 부려 놓고, 도와 주는 척한다는 뜻의 속담은 무엇일까요?
셋, 금방 사라져 버린다는 뜻의 속담은 무엇일까요?
넷, 아무리 쉬운 일이라도 하지 않으면 필요가 없다는 뜻의 속담은 무엇일까요?
다섯, 남의 안 되는 일을 더 안 되게 한다는 뜻의 속담은 무엇일까요?

보기   봄눈 녹듯 한다.
       바늘 가는 데 실 간다.
       부뚜막의 소금도 집어 넣어야 짜다.
       병 주고 약 준다.
       불 난 집에 부채질한다.

자, 그럼 마지막 3단계로 넘어갑니다.

다음은 ㅂ으로 시작하는 토박이말 문제입니다.

하나, 다음 가는 차례를 뜻하는 말은 무엇일까요?
둘, 그릇의 가장자리를 뜻하는 말은 무엇일까요?
셋, 해야 할 일 또는 하고 싶은 일을 뜻하는 말은 무엇일까요?
넷, 길들여지지 않은 송아지를 뜻하는 말은 무엇일까요?
다섯, 많은 사람이 아주 야단스럽게 부산 떠는 일을 뜻하는 말은 무엇일까요?
여섯, 우산을 뜻하는 고유의 말은 무엇일까요?
일곱, 신에게 손을 비비면서 소원을 비는 일을 뜻하는 말은 무엇일까요?

보기 비받이 버금 북새 볼장 부룩송아지 비손 변죽

재미있는 순우리말

● **바그르르**
1. 적은 양의 물이 비교적 넓은 범위에서 야단스럽게 끓어 오르는 모양이나 소리.
2. 많은 거품이 한꺼번에 일어나는 모양이나 소리.
3. 성격이 듬직하고 꾸준한 맛이 없이 쉽게 흥분했다가 금방 식어 버리는 모양.

● **바빠맞다**
몹시 급한 형편이나 상태에 놓여 있다.

● **반둥거리다**
일은 않고 게으름을 피우며 빤빤스럽게 놀기만 하다. 번둥거리다, 밴둥거리다, 빈둥거리다.

● **벙벙하다**
1. 어쩔 줄을 몰라 얼 빠진 사람처럼 아무 말이 없다.
2. 물이 넓게 밀려 오거나 흘러 내려가지 못하여 가득 차 있다.

● **봉싯하다**
예쁘장하게 입을 조금 벌리고 소리 없이 웃다. 봉싯거리다.

● **불끈거리다**
사소한 일에 걸핏하면 성을 잘 내다. 볼끈거리다.

한글이랑 놀며 배우며

★ 아주 짧은 낱말 동화

부채

무더운 여름날
바람은 어디론가 꽁꽁 숨어 버리고
온몸에 기운들이 다 달아나 버렸을 때
종이를 앞뒤로 꽁꽁 접었다 펼쳐 흔들면
바람이 솔솔 나타나지요.

★ 말 놀이

'꽁지 따기 말놀이'는 앞 사람이 한 말의 꽁지로 시작하는 말을 다음 사람이
이어 가는 말 놀이야. 자, 시작해 볼까?

	구수한 말 놀이를 해 보자.	해 보자
해 보자	해 보나 마나 내가 일등이지.	일등이지
일등이지	일등은 해 보지도 않고 어떻게 알아?	알아
알아	알려면 빨리 시작하자.	시작하자
시작하자	시작하기 전에 규칙을 정해야지.	정해야지
정해야지	정하고 난 다음에는 고치기 없기다.	없기다
없기다	없으면 안 되는 말 놀이 규칙은 무엇이지?	무엇이지
무엇이지	무엇보다 문법에 맞아야지.	맞아야지
맞아야지	맞아야 하는 건 또 뭐가 있지?	있지?
있지?	있잖아, 높임법도 지켜야지.	지켜야지
지켜야지	지켜야 할 규칙으로 시간도 넣자.	넣자
넣자	넣을 것은 정했고, 진 사람 벌칙은?	벌칙은?
벌칙은?	벌칙으로 청소를 시키자.	시키자
시키자	시키는 대로 말 놀이 해보자.	

'꽁지 따기 말 놀이' 재미있었니? 그럼, 다시 한 번 해 보자.

★ 아름다운 우리 토박이말

붙박이별

모든 별은 시간이 지나면서 위치가 달라 보이는데, 시간에 관계 없이 늘 같은 자리에 있는 별이 있
어. 붙박이별은 이렇게 위치를 바꾸지 않고 항상 그 자리에 빛나는 별, 바로 북극성을 일컫는 우리
말이야. 이밖에 별을 부르는 우리말을 살펴 보면 새벽에 동쪽 하늘에서 반짝이는 금성은 샛별, 카
시오페이아 별자리는 닻별, 궂은 날 잠깐 나왔다가 숨는 별은 여우별이라고 해.

ㅂ 신문갈무리

다아라 박사의 답안지 엿보기

1단계	하나 바람 둘 반딧불이 셋 바늘
2단계	하나 바늘 가는 데 실 간다. 둘 병 주고 약 준다. 셋 봄눈 녹듯 한다. 넷 부뚜막의 소금도 집어 넣어야 짜다. 다섯 불 난 집에 부채질한다.
3단계	하나 버금 둘 변죽 셋 볼장 넷 부룩송아지 다섯 북새 여섯 비받이 일곱 비손

3단계를 다 맞힌 분에게 상을 드립니다.

> # 우리말 지킴이 상
>
> 이 어린이는 우리말을 사랑하는 마음으로 꾸준히
> 한글 공부를 하여 우리 나라 소중한 문화 유산을
> 빛내 주었기에 이 상을 드립니다.
> 더불어 부각 한 보시기를 상품으로 드립니다.
>
> 우리말 지킴이에게 드리는 맛있는 **부각**

바삭바삭 아삭아삭 부각 만들기

부각

부각이란?

김·깻잎 등에 되직하게 쑨 찹쌀풀을 발라 말려 두었다가 기름에 튀긴 우리 나라 고유의 요리예요. 반찬이나 술 안주로 많이 쓰이며, 종류로는 고추 부각, 깻잎 부각, 김 부각, 가죽나무순 부각 등이 있어요.

맛있는 부각 요리 방법

① 고추 부각
  1단계 맵지 않은 조그마한 풋고추에 밀가루를 묻혀 찜통에 쪄요.
  2단계 꾸덕꾸덕하게 말리고, 실에 꿰어서 그늘에 다시 말려 저장해요.
  3단계 먹을 때 기름에 튀겨 내어 소금을 살짝 뿌려요.
  ★ 가을에 준비해 두었다가 겨울철에 먹으면 파란 풋고추 먹는 맛을
     느낄 수 있어요.
② 김 부각
  1단계 두꺼운 김을 골라 티를 골라요.
  2단계 4등분하여 2장씩 겹쳐서 소금간을 한 찹쌀풀을 발라요.
  3단계 겉면에 통깨와 고춧가루를 뿌려서 말려요.
  4단계 먹을 때 기름에 튀겨 내요.

다른 그림 찾기 다른 그림은 20개예요. 답은 86쪽에 있어요.

재미있는 순우리말

끊어도 끊어지지 않는 것은 **물**

한번 저지른 일은 돌이킬 수 없다는 뜻의 속담은 **엎지른 물**

하찮은 일까지 속속들이 얘기하는 모양을 뜻하는 말은 **미주알고주알**

하늘에 있는 커다랗고 아름다운 개는 **무지개**

아무것도 모르고 남이 하니까 따라 한다는 뜻의 속담은 **망둥이가 뛰니까 꼴뚜기로 뛴다.**

발도 없이 온 세상을 돌아다니는 것은 **바람**

오래 묵혀 거칠어진 밭을 뜻하는 말은 **묵정밭**

금방 사라져 버린다는 뜻의 속담은 **봄눈 녹듯 한다.**

길들여지지 않은 송아지를 뜻하는 말은 **부룩송아지**

가갸시절
가갸표를 처음으로 배우던 시절. 아는 것이 없고 수준이 어리던 때.

날솟다
나는 것처럼 매우 빠르게 솟아오르다.

늘크데하다
패기와 정열이 없고 느른하고 맥이 없다.

돼지바우
우둔하고 인정머리 없이 무뚝뚝한 사람.

봄봄이
겉으로 드러나 보이는 바깥 차림새.

수박씨 장사
문제를 결단성 있게, 대담하게 처리하지 못하고 사소한 것에 매여 우물거리기만 하는 사람.

알가리철
물고기가 한창 알을 낳는 때.

줄뒤짐
무엇을 찾기 위하여 하나하나 차례로 속속들이 뒤지는 일.

츠렁바위
험하게 겹쌓인 큰 바위.

펄 날다 일하는 솜씨가 아주 능숙하여 빨리 해 버린다.

마들가리
1. 잔가지나 줄거리로 된 땔나무.
2. 해진 옷의 남은 솔기.
3. 새끼나 실 따위가 홅이어 맺힌 마디.

말캉하다
너무 익거나 끓아서 물크러질 만큼 말랑하다. (큰말 : 물컹하다)

망울망울하다
작고 둥근 망울들이 한데 엉기거나 뭉쳐서 동글동글하다.
(큰말 : 멍울멍울하다)

매지 구름
비를 머금은 검은 조각 구름.

먼지잼
비가 겨우 먼지나 자게 할 정도로 조금 옴.

명지 바람
부드럽고 화창한 바람.

모르쇠
덮어놓고 모른다고 잡아떼는 일

물수제비뜨다
얇고 둥근 돌로 물위를 담방담방 뛰어가게 팔매치다.

민틋하다
울퉁불퉁하지 않고 평평하고 미끈하다.

바그르르
1. 적은 양의 물이 비교적 넓은 범위에서 야단스럽게 끓어 오르는 모양이나 소리.
2. 많은 거품이 한꺼번에 일어나는 모양이나 소리.
3. 성격이 듬직하고 꾸준한 맛이 없이 쉽게 흥분했다가 금방 식어 버리는 모양.

바빠맞다
몹시 급한 형편이나 상태에 놓여 있다.

반둥거리다
일은 않고 게으름을 피우며 빤빤스럽게 놀기만 하다. 번둥거리다, 밴둥거리다, 빈둥거리다.

벙벙하다
1. 어쩔 줄을 몰라 얼 빠진 사람처럼 아무 말이 없다.
2. 물이 넓게 밀려 오거나 흘러 내려가지 못하여 가득 차 있다.

봉싯하다
예쁘장하게 입을 조금 벌리고 소리 없이 웃다. 봉싯거리다.

불끈거리다
사소한 일에 걸핏하면 성을 잘 내다. 볼끈거리다.

도움 준 책들

강신항, 《훈민정음연구 : 수정증보판》, 성균관대학교출판부, 2003.
국문학회 엮음, 《국문학연구》 제10호, 태학사, 2003.
국어국문학회, 《가사연구》 - 국문학연구총서 4, 태학사, 1997.
　　　　　　《고려가요, 악장연구》 - 국문학연구총서 2. 태학사, 1997.
　　　　　　《고소설연구》 - 국문학연구총서 5, 태학사, 1997.
　　　　　　《고시조연구》 - 국문학연구총서 3, 태학사, 1997.
　　　　　　《고전산문연구》 - 국문학연구총서 8, 태학사, 1997.
　　　　　　《판소리연구》 - 국문학연구총서 11, 태학사, 1997.
　　　　　　《향가연구》 - 국문학연구총서1, 태학사, 1997.
김병국, 《한국고전문학의 비평적 이해》-국어교육연구소연구총서14, 서울대학교출판부, 1995.
김석득, 《우리말 연구사》, 정음문화사, 1983.
김슬옹, 《그걸 말이라고 하니》, 다른우리, 1999.
김종진 외, 《국어연구의 발자취 1》- 대학교양총서 17, 서울대학교출판부, 1985.
김형주, 《우리말 연구사》, 세종출판사, 1997.
문덕수, 《문덕수 문학연구》, 시문학사, 2004.
박동규, 《국어연구사》, 전주대학교출판부, 1998.
박영규, 《조선왕조실록》, 들녘, 1997.
박영준 외, 《우리말의 수수께끼》, 김영사, 2002.
박은용 · 김형수 공편, 《국어자료 고문선》, 형설출판사,
박종국, 《국어학사》, 문지사, 1994.
세종대왕기념사업회 편집부 , 《국역 국조인물고》1 - 17, 세종대왕기념사업회, 2003.
　　　　　　　　　　　　　《세종문화사대계》, 세종대왕기념사업회, 2000.
세종대왕기념사업회, 《세종실록》, 세종대왕기념사업회, 1993.
　　　　　　　　　　《세종학연구》, 세종대왕기념사업회, 1993.
세종대왕기념사업회 엮음, 《역주 월인석보》, 세종대왕기념사업회, 1990.
손보기, 《세종 시대의 인쇄출판》, 세종대왕기념사업회, 1994.
신기철 · 신용철, 《우리말 큰사전》, 삼성출판사, 1987.
안문길, 《어린이를 위한 용비어천가》, 자유지성사, 2002.
안병희, 《국어사 자료 연구》. 문학과 지성사, 1992.
앤드류 로빈슨 지음, 박재욱 옮김, 《문자 이야기》, 사계절, 2003.
양주동, 《고가연구》, 일조각, 1997.
유만근, 《서울말 발음독본 - 한글-로마자대조표기》, 성균관대학교출판부, 1997.
이민홍, 《조선조 시가의 이념과 미의식》 - 개정판, 성균관대학교출판부, 2000.
이보경, 《근대어의 탄생》 - 문학의 기본개념 2, 연세대학교출판부, 2003
이성무 외, 《세종 시대의 문화》- 한국정신문화연구원 엮음, 태학사, 2002
이승재 · 이지양 · 조남호 · 배주채 편저, 《한국어와 한국문화》, 새문사, 2001.
이화여자대학교 한국문화연구원 엮음, 《국문학 연구 50년》 - 한국학술사총서 4, 혜안, 2003.
조건상 엮음, 《한국국어국문학연구》, 국학자료원, 2001.
장세경, 《이두자료 읽기 사전》, 한양대학교출판부, 2001
전국국어교사모임, 《우리말 우리글》7-10, 나라말, 2001.
최철, 《세종 시대의 문학》, 세종대왕기념사업회, 1996.
표시정, 《우리의 옛것을 찾아서》, 다산교육, 2000.
한국고전문학회 엮음, 《국문학의 구비성과 기록성》, 태학사, 1999.
한국역사연구회, 《조선시대 사람들은 어떻게 살았을까?》, 청년사, 1996.
한글학회 편, 《우리 토박이말 사전》, 어문각, 2002.
한태동, 《세종대의 음성학》- 한태동선집 4, 연세대학교출판부, 2003.
허균, 《홍길동전》, 신원문화사, 2003.

글쓴이 이소영

1957년 서울에서 태어났으며 중학교에서 국어를 가르쳤습니다. 책 읽기를 싫어하는 학생들을 위해 교사 일을 그만 두고 독서 교육을 시작하였습니다. 그러다가 KBS 만화 영화 시나리오 공모에 당선되어 만화 시나리오와 주제가를 쓰면서 한글의 아름다움과 우수성을 알게 되었습니다. 독서 교육을 하면서 우리 글인 한글을 바로 아는 것이 가장 중요하다는 사실을 깨닫고, '한글 바로 알기'를 연구하면서 독서 교육으로 이를 실천해 왔습니다. 지금은 연세대학교 사회교육원에서 독서 지도를 강의하고, 전국 도서관을 다니며 아이들과 어른들에게 '책 읽는 나라 만들기' 운동의 하나인 책 읽기와 한글 바로 알기의 중요성에 대하여 강연하고 있습니다.

우리말 지킴이 또바기의 한글신문 2

1판 1쇄 인쇄 2004년 12월 10일
1판 1쇄 발행 2004년 12월 20일

글쓴이 이소영
펴낸이 김영곤
대표 김중현
기획편집 임병주 김민아 조지혜 류혜정
영업기획 정성진 이종률 안경찬 김진갑 이희영 박진모 이연정 박창숙
경영지원 이인규 이도형 고선미
제작 강근원 이영민
아트디렉팅 장우성
디자인 디자인하연

펴낸곳 (주)이끌리오
주소 경기도 파주시 교하읍 문발리 파주 북시티 500-11(413-756)
전화번호 031-955-2100   팩시밀리 031-955-2151
홈페이지 http//www.eclio.co.kr   E-mail eclio@book21.co.kr
출판등록 2000년 4월 10일 제 16-1646호

값 9,800원
ISBN 89-5877-013-9 03710
      89-5877-011-2 03710(세트)

* 잘못된 책은 바꾸어 드립니다.